Copyright © 2025 **Rui Marcos e Taiana Jung**
Direção editorial: **Bruno Thys e Luiz André Alzer**
Capa e projeto gráfico: **Bruno Drummond | Bloco Narrativo**
Revisão: **Camilla Mota**
Foto dos autores: **Geremias da Silva Marins**

Dados Internacionais de Catalogação na Publicação (CIP)
(eDOC BRASIL, Belo Horizonte/MG)

Marcos, Rui.
M321c Contos de vinho 2: histórias e curiosidades por trás dos rótulos / Rui Marcos, Taiana Jung. – Rio de Janeiro, RJ: Máquina de Livros, 2025.
200 p. : foto. color. ; 13 x 18 cm

ISBN 978-65-86339-44-4

1. Vinho e vinificação. I. Jung, Taiana. II. Título.
CDD 641.22

Elaborado por Maurício Amormino Júnior – CRB6/2422

Grafia atualizada segundo o Acordo Ortográfico da Língua Portuguesa de 1990, em vigor no Brasil desde 2009.

1ª edição, 2025

Rua Francisco Serrador 90 / 902, Centro, Rio de Janeiro/RJ
CEP 20031-060
www.maquinadelivros.com.br
contato@maquinadelivros.com.br

Taiana Jung

Rui Marcos

Contos de Vinho 2

Histórias e curiosidades por trás dos rótulos

máquina de livros

A quem nos acompanhou desde o primeiro
livro, nossa alegria por reencontrá-los aqui,
com novas histórias por trás dos rótulos,
sinônimos de contos de vinho.

Índice

Apresentação

Você já criou intimidade com um rótulo só porque ouviu a história por trás dele? Aqui estão mais 50 histórias e curiosidades contadas por nós, sob o nome que escolhemos para o nosso projeto: "Contos de vinho". Este segundo volume ganhou vida a partir de encontros, conversas, taças e uma conta no Instagram, que, em 2021, se transformou em livro. Não buscamos simplesmente falar de vinhos, mas senti-los por suas histórias. Cada texto nasce do desejo de entender o que envolve uma garrafa, como expressão de cultura, como uma escolha.

Um vinho do Maranhão, outro da Transilvânia. Um vindo da Bahia, outro inspirado na arte japonesa. E todos eles cabem no mesmo livro. Neste volume, percorremos 16 países e reunimos rótulos que vão de ícones consagrados a descobertas afetivas.

Países tradicionais como França, Itália, Portugal, Espanha, Chile e Argentina estão presentes, mas quem lidera em quantidade e diversidade é o Brasil, com nove vinhos que revelam sua força simbólica, criativa e geográfica. Estão aqui garrafas da Bahia, do Distrito Federal, de Minas Gerais, do Rio Grande do Sul, do Maranhão e até do Rio de Janeiro. Uma mostra viva de que a enocultura brasileira pulsa.

Também incluímos vinhos da Romênia, do Marrocos, da Grécia, da Bolívia e de outros territórios que expressam, cada qual à sua maneira, a ligação entre vinho e identidade. A seleção parte do desejo de criar pontes: do leitor ao vinho, do vinho à narrativa, da narrativa à vida.

Alguns contos nasceram de uma taça compartilhada entre amigos. Outros, de um rótulo que provocou silêncio. Muitos vieram de vinhos que nos fisgaram pela aparência, pela indicação de alguém, pelo nome... Se no primeiro volume nos dedicamos a apresentar o que é um rótulo, como surgiram, o que comunicam e por que nos interessamos por eles, neste segundo seguimos com o mesmo estilo de escrita, mas com o olhar mais amplo. Estávamos mais sensíveis às narrativas que surgiam em nossas vivências e buscamos o tom de cada texto, respeitando o que os vinhos pareciam querer nos dizer.

Cada conto parecia plantar uma videira diferente. E o livro, aos poucos, virou um vinhedo inteiro. Foi nesse processo que compreendemos que ele operava como um *terroir*. No universo do vinho, *terroir* é o conjunto de fatores que envolve clima, solo, relevo e manejo humano, e que confere identidade única a cada vinhedo. Aplicamos essa ideia à construção desta obra, feita de condições próprias e elementos diversos que, juntos, dão origem a algo singular. Percebemos também que esse conjunto refletia um ecossistema narrativo, onde diferentes aspectos se articulam para formar uma unidade com personalidade.

Também entendemos melhor o estilo que vínhamos construindo: uma escrita ensaística, acessível, com ritmo próprio e abertura para a interpretação de quem lê. Os temas são muitos: memória, recomeço, fé, silêncio, rebeldia, política, amizade, arte, viagem, descobertas familiares. Cada vinho abre uma porta diferente, e o leitor escolhe por onde deseja entrar. Um texto que convida a degustar, e não a concluir.

Nosso livro-*terroir* tem clima próprio: por vezes introspectivo, por vezes solar, mas sempre com a intenção de gerar aproximação. Tem um solo fecundo, feito de memórias, culturas populares, artes, política, filosofia e geografia. Tem uma topografia variada, com textos que mudam de ritmo e de estilo, como um vinhedo que se adapta ao relevo. E tem um manejo muito humano, artesanal mesmo: os contos são pesquisados, mas também vividos. Alguns foram descobertos em jantares inesperados, em visitas a vinícolas, em trocas com produtores, sommeliers, leitores e amigos.

Como em todo *terroir*, não há uma narrativa igual à outra. E mesmo quando o tema se repete – liberdade, pertencimento, rebeldia, ancestralidade – a expressão é sempre singular. Em um vinho, o tema sobre a prisão é literal; em outro, simbólico. Em um, o tema da liberdade vem pelo recomeço; em outro, pela desobediência. O que une tudo é essa escuta atenta ao que o vinho pode provocar, inspirar ou revelar.

Esse segundo volume também reflete o nosso amadurecimento na enocultura. Visitamos produtores, recebemos relatos de leitores, participamos de confrarias, eventos e rodas de conversas em que o "Contos de vinho" se tornou ferramenta de aproximação e aprendizado.

Conhecemos pessoas que organizaram um ano inteiro de degustação com base nos nossos textos; outras, que deram o livro de presente junto com o vinho da narrativa preferida ou que descobriram sua vinícola predileta a partir da leitura. Um pai que ganhou o livro da filha, um empresário que decidiu montar sua própria adega, um grupo que viajou para conhecer o *terroir* de um texto, empresas que nos convidaram para contar histórias a seus executivos. Isso nos toca profundamente.

Tem quem leia um conto e vá atrás da garrafa. Tem quem leia sem nunca ter provado, mas jura que sentiu o aroma. Este livro oferece muitas possibilidades de leitura. Você pode percorrê-lo por temas, buscando os textos que falam de liberdade, pertencimento, fé, ciência ou rebeldia. Pode segui-lo por países ou regiões, observando como diferentes territórios expressam o vinho em suas culturas. Ou ainda construir sua linha do tempo, entre vinhos históricos e narrativas contemporâneas. Cada leitor encontrará seu próprio percurso.

Precisa provar para contar? Essa é uma pergunta que ouvimos com frequência. Muitos rótulos nós provamos, alguns outros gostaríamos de provar. Aprendemos com o "Contos de vinho" que escrever passou a ser, para nós, uma forma de apreciação. Ao conhecer a história, o vinho ganha camadas novas, mesmo que nunca esteja em nossa taça. Às vezes, a garrafa não está mais disponível. Em outros casos, o preço parece inacessível ou o acesso à região é difícil. Ainda assim, elas estão aqui. Porque acreditamos que a diversidade também é um valor: há de tudo neste livro, para que cada leitor tenha sua própria experiência, do paladar à imaginação.

Ouvimos com alegria quando alguém nos diz que criou intimidade com um vinho porque ele estava no livro. Mas é sempre bom lembrar que o fato de estar aqui não significa que o vinho tenha nota alta em rankings ou aplicativos de avaliação. Nosso objetivo é outro: exaltar o que muitas vezes não cabe em uma nota. Ainda assim, por sugestão de muitos amigos e leitores, no fim deste segundo volume incluímos uma tabela com os 50 rótulos selecionados, para você fazer anotações e classificá-los a partir de sua experiência única e pessoal.

Sabemos que a relação com um vinho vai muito além da ficha técnica: ela é influenciada pelo momento em que se prova, pela companhia, pela comida, pela música e pelas memórias que chegam e depois se transformam em novas memórias. Nem sempre os fatores técnicos bastam para marcar uma experiência, apesar de serem importantes. Por isso, procuramos trazer para a degustação o elemento narrativo: a história de quem produziu o rótulo, a que descobrimos na pesquisa, a que você vai criar ao ler, brindar, presentear ou simplesmente abrir uma garrafa.

Às vezes, é só isso: abrir uma garrafa e deixar a narrativa fluir. Como o vinho que evolui na taça, o conto também precisa de ar, de tempo, de temperatura, de contexto. A experiência muda conforme o momento, e é aí que mora a graça. Nosso convite, portanto, é simples: leia com tempo, leia com gosto. Deixe que cada vinho te conte sua própria história.

Porque, como aprendemos ao longo do caminho, uma garrafa pode conter muito mais do que 750ml de vinho. Pode conter um encontro. Um riso. Uma memória. Uma ideia. Pode contar sobre você.

Taiana Jung e Rui Marcos

ROTA DOS LENÇÓIS
2022
ALMAR
CHARDONNAY
750ml
VINHO FINO BRANCO SECO
13%vol

Almar

Rótulo que liga o Rio Grande do Sul ao Maranhão

Às vezes, o que está no rótulo não conta toda a história. Em muitos mercados, o que parece ser criação exclusiva de uma marca pode, na verdade, ter nascido das mãos de outro. É o que acontece, por exemplo, quando uma empresa decide vender um produto com seu próprio nome, mesmo sem ter produzido nada. Essa prática é amplamente utilizada no comércio e, muitas vezes, imperceptível para o consumidor. É a chamada reetiquetagem ou *white label*: um produto fabricado por um fornecedor é comercializado sob a identidade visual de outra empresa, normalmente a varejista.

Seja um azeite, uma linha de cuidados com a pele ou mesmo um produto artesanal com rótulo exclusivo, há toda uma engrenagem por trás dessas parcerias. Uma empresa com boa capacidade produtiva se junta a outra com apelo comercial e domínio de público. O resultado é um produto com identidade repaginada, com sotaque local, visual caprichado e uma narrativa que começa no rótulo, mas que traz outros significados.

É o caso dos vinhos da linha Almar. Não se trata de uma vinícola, mas de uma marca criada em parceria com a Lidio Carraro, nome consolidado na produção de vinho nacional, no Rio Grande do Sul. O projeto nasceu da vontade de contar uma história a partir do vinho, mas também de ir além dele. São rótulos que homenageiam marcos históricos e culturais de São Luís, no Maranhão, uma escolha que vai do nome até a estética dos rótulos: "Al" são as iniciais do nome do criador do restaurante AmoVinho Bistrô & Adega, Almistron Marinho, e "mar" são as iniciais do estado do Maranhão. A ideia partiu de Francisco, filho de Alminstron.

Chegamos a essa história por acaso. Estávamos em São Luís para uma atividade profissional e, em uma das noites, fomos jantar no AmoVinho, onde os rótulos Almar são apresentados ao público. O ambiente já nos chamou atenção: temático, acolhedor, com espaços reservados pensados para degustações e encontros de confrarias.

Na conversa com o sommelier, mencionamos a live que faríamos no dia seguinte com a confraria Monsters of Wine, formada durante a pandemia por apreciadores de vinho de diferentes regiões do país, que se reúne virtualmente para trocar experiências, compartilhar descobertas e discutir temas ligados ao universo do vinho. Naquela ocasião, o encontro seria dedicado ao primeiro volume do livro "Contos de vinho". Ele, com gentileza, nos ofereceu uma sala privada. Aceitamos na hora.

Foi nesse retorno que conhecemos Almistron Marinho. Seu percurso até o vinho não foi direto. Antes, vendeu artigos para o lar naquele mesmo espaço, até surgir a oportunidade de trabalhar com uma distribuidora de vinhos. O curioso é que ele havia feito, naquela época, uma promessa de não consumir bebida alcoólica, motivada por um momento difícil relacionado à saúde do filho. A chegada das primeiras garrafas coincidiu com essa travessia íntima, e a venda dos vinhos, que começou com objetivo comercial, logo se tornou também uma forma de se reconectar com a vida.

No restaurante, há um canto silencioso que diz muito: uma imagem de Santa Edwiges, que, em vez de ser cercada por velas, tem em volta rolhas usadas. Ali, quem quiser pode deixar sua rolha e fazer um agradecimento, um pedido ou simplesmente contemplar a santa. Como se a experiência de abrir um vinho também fosse, de alguma forma, uma oração. Almistron compartilhou com a gente trechos de sua trajetória marcada por perdas, esgotamento e tentativas de desistência. Mas também falou de encontros, reconstruções e do que encontrou no ato de servir, ouvir e conversar.

Entre os rótulos da linha Almar, escolhemos destacar o Rota dos Lençóis, inspirado no percurso que parte do Rio Preguiças e passa por Vassouras, Caburé, Mandacaru e Atins. A ilustração traz elementos que vão além da paisagem. Cinco casas representam os membros da família Marinho. Cinco palmeiras e cinco paradas completam a narrativa visual, onde a geografia desenha uma cartografia afetiva.

Esse rótulo simboliza ainda nossa paixão pelos Lençóis Maranhenses. A exuberância do lugar nos marcou profundamente. Por isso, ao ver essa paisagem traduzida na garrafa, sentimos que sua história tocava, de alguma forma, também a nossa.

AMARONE
DELLA VALPOLICELLA
D.O.C.G.
MONTRESOR

Amarone della Valpolicella Montresor

Garrafa inovadora para guardar uma obra-prima

A logística é uma das ciências mais antigas desenvolvidas pela sociedade, com registros de mais de dez mil anos. Foi essencial para a humanidade deixar de ser nômade e se fixar em territórios, levando à construção de moradias, à especialização do trabalho e ao surgimento de regras sociais e comerciais. A mobilização de recursos garantiu formas de armazenar e transportar excedentes agrícolas, garantindo uma melhor distribuição.

No mundo do vinho, essa necessidade levou à criação de recipientes para transporte, ainda na Idade Antiga. Egípcios e gregos usavam ânforas, enquanto os romanos, a partir do século I d.C., passaram a utilizar barris de madeira. Além disso, eles também investiram em estradas e portos, tornando Roma um grande centro de distribuição de vinhos.

Já na Idade Média, os monges deram mais um passo na evolução do vinho como produto. O cuidado com a terra, a plantação das sementes, novos processos de monitoramento da colheita, o transporte das uvas e formas diferentes de fermentação são alguns exemplos de otimização da produção vínica.

Passados alguns séculos, entramos no período das grandes navegações. Foi um momento de elevada evolução logística e tecnológica, abrindo-se novos mercados e oportunidades de negócios, especialmente para Portugal, Espanha, Itália e França. A carga de vinhos passou a ser transportada nos porões das caravelas.

Esse armazenamento, porém, se mostrou um problema. Expostos à umidade e por conta da elevada amplitude térmica (dias quentes e noites frias), as barricas de madeira, de baixa qualidade, apresentavam inchaços e contrações, ocasionando vazamentos e perdas expressivas. Para piorar, surgiam fungos e bactérias, acelerando o processo de oxidação.

Os viticultores europeus, então, aprimoraram técnicas logísticas para a travessia transatlântica, garantindo a qualidade do vinho no Novo Mundo. Um dos pioneiros foi Giacomo Montresor, que fundou em 1892 em Veneto, na Itália, a vinícola Cantine Giacomo Montresor. Em 1904, com contratos de exportação para os Estados Unidos, ele criou a garrafa "mula", com curvaturas acentuadas e pescoço alongado, tornando-a mais resistente e funcional para o transporte.

A inovação foi um sucesso no mercado, mas as garrafas, armazenadas em caixas abertas no convés, ficavam expostas à maresia e à luz, acelerando a oxidação e comprometendo a qualidade do vinho. Até que em 1921, para evitar prejuízo, Montresor passou a pintar as garrafas de preto e congelá-las antes do embarque. Surgia, assim, a garrafa acetinada.

De olho na grande imigração italiana para o Canadá a partir da década de 1950, a Cantine Giacomo Montresor passou a exportar um de seus principais produtos, o Amarone della Valpolicella, elaborado pelo método de passificação natural, em que as uvas Corvina, Rondinella e Molinar, típicas da região de Valpolicella, são secadas antes da fermentação, com o intuito de concentrar açúcares e intensificar sabores e aromas. Todo mundo saiu ganhando: a vinícola conseguiu grandes conquistas comerciais e os italianos instalados no Canadá puderam reforçar, por meio do Amarone, o vínculo emocional com seu país.

SUD DE FRANCE
ARROGANT
FROG
CABERNET SAUVIGNON - MERLOT
[LILY PAD RED]
MAS
JEAN CLAUDE MAS
VIGNERONS DE PÈRE EN FILLES
DEPUIS 1892

Arrogant Frog

Mascote francês com jeito do Novo Mundo

Os costumes e hábitos de uma pessoa ou grupo funcionam como marcas que revelam aspectos centrais de sua cultura. Na França e na Itália, é tradição beber vinho durante as refeições, prática que vai além da alimentação: é uma expressão de identidade. No entanto, nem todos se relacionam da mesma forma com culturas de outras sociedades. Enquanto algumas pessoas mostram-se mais receptivas, outras tendem a rejeitar hábitos associados a estilos de vida distintos.

No universo do vinho, essa dinâmica se expressa com frequência. Certas práticas adotadas por profissionais e apreciadores, como o uso de diferentes tipos de taça, a forma de segurá-las, a ordem de serviço ou a análise sensorial do vinho são, por vezes, alvos de críticas. Muitos desses rituais têm origem na cultura europeia e, ao longo do tempo, foram incorporados em diversos países do Novo Mundo.

Nos últimos tempos, a relação das pessoas com o vinho vem provocando transformações no modo de consumo. Por isso, produtores e especialistas em marketing se esforçam cada vez mais para atenuar percepções negativas atribuídas à tradição do vinho. O enólogo Jean-Claude Mas, da região de Languedoc, no sul da França, é uma dessas pessoas. Em 2005, ele criou a linha Arrogant Frog ("sapo arrogante", em português) com a intenção de suavizar o estereótipo de arrogância associado aos vinhos franceses, especialmente por consumidores do Novo Mundo e de países anglo-saxões. A proposta de comunicação leve, bem-humorada e acessível, funcionou e seus vinhos já estão presentes em mais de 40 países.

Uma das coisas que Jean-Claude fez foi substituir em quase todas as 12 variedades de vinhos Arrogant Frog a tradicional rolha de cortiça pela tampa de rosca stelvin, mais alinhada ao conceito descomplicado da marca. Mas a estratégia crucial foi a criação do Sapo Arrogante pelas mãos do próprio enólogo. Segundo ele, o personagem transmite a "combinação sutil da tradição francesa com o espírito do Novo Mundo", apresentando um vinho fácil, frutado e acessível. O mascote aparece em todos os rótulos – entre tintos, brancos e rosés –, sempre muito bem-vestido, passeando por paisagens francesas e trazendo uma pitada de provocação.

A filosofia por trás dos vinhos Arrogant Frog é clara: "Sejamos franceses por nossa tradição e conhecimento, mas escutemos nossos clientes a fim de reconquistarmos o coração dos nossos consumidores".

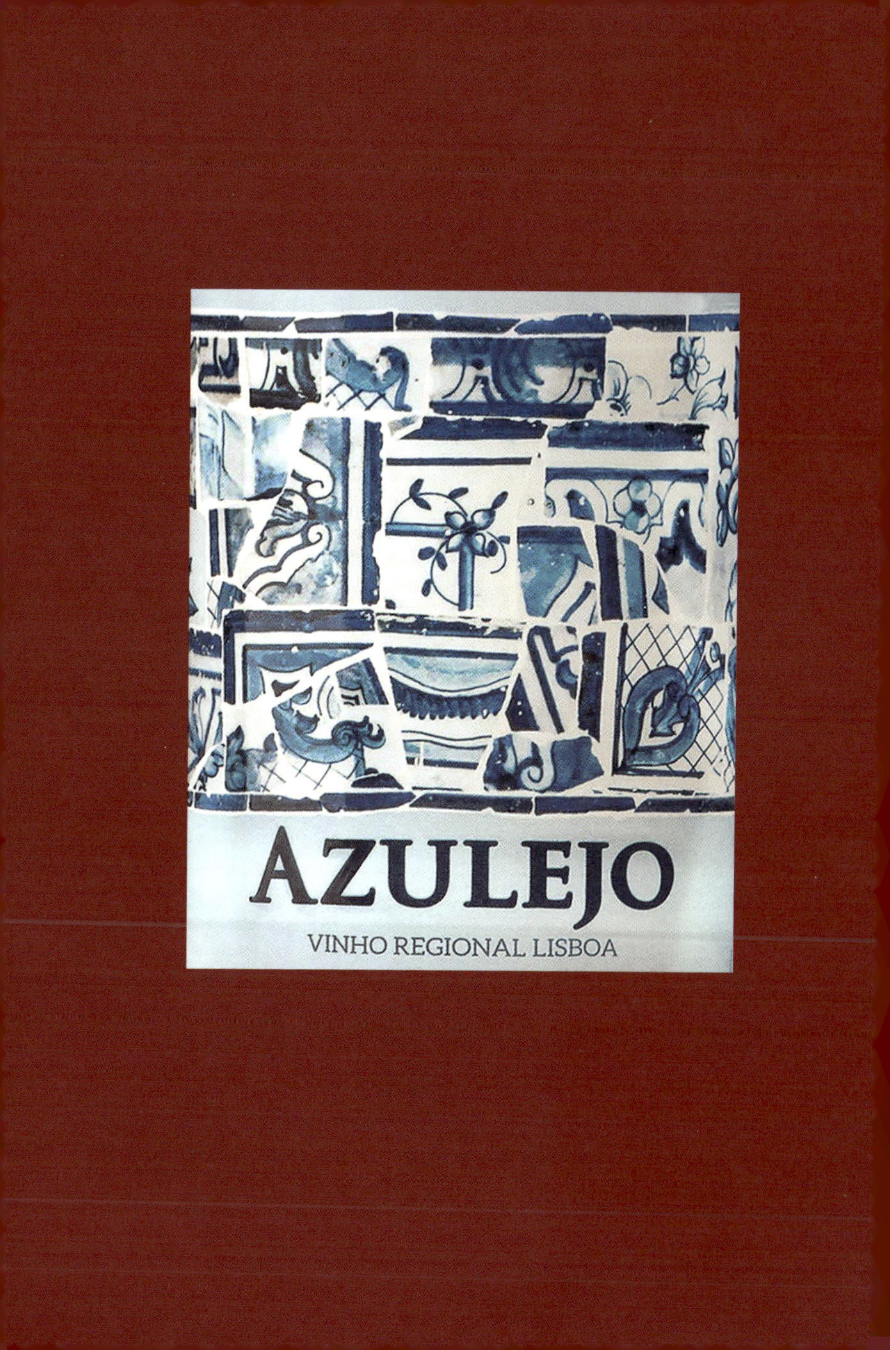
AZULEJO
VINHO REGIONAL LISBOA

Azulejo

Arte portuguesa para decorar casas e garrafas

Um dos campos de estudo da arquitetura e da engenharia são os revestimentos, que determinam a resistência, a durabilidade e a estética das construções, além de influenciar seu desempenho funcional. A cerâmica é um dos materiais mais antigos aplicados em projetos de construção civil. Arqueólogos já encontraram vestígios dela em itens com até 15 mil anos de existência.

Com o tempo, a cerâmica evoluiu e deu origem aos icônicos azulejos. Originários da tradição árabe, o termo "azulejo" vem do árabe "al-zulaich", que significa "pedra polida", refletindo a influência dos mouros na Península Ibérica. Essa tradição começou a se firmar na Espanha e em Portugal durante o período islâmico, quando os mouros introduziram técnicas sofisticadas de cerâmica e design que se destacavam por padrões geométricos e cores vibrantes. No decorrer dos séculos, os azulejos passaram a apresentar uma variedade de estilos e métodos de pintura.

A partir do século XVI, Portugal tornou-se o líder no uso dos azulejos, aplicando-os em edifícios religiosos, palácios e casas de famílias nobres, criando verdadeiras narrativas nas paredes em forma de imagens. Os azulejos se tornaram um emblema da arquitetura nacional, muito bem retratada no Museu Nacional do Azulejo. Instalado no antigo convento de Nossa Senhora da Madre de Deus, em Lisboa, abriga uma vasta coleção de peças do século XV até os dias de hoje.

A influência portuguesa estendeu-se ao Brasil, onde os azulejos foram utilizados para fachadas externas, muito além de sua aplicação original em janelas e pórticos. Mais do que embelezar as construções, esses revestimentos oferecem proteção contra as ações do tempo e da umidade, além de contribuir para a climatização interna.

Em homenagem a essa expressão artística tipicamente portuguesa, a vinícola Casa Santos Lima, situada na Quinta da Boa Vista, em Alenquer, a 45 quilômetros ao norte de Lisboa, criou uma linha de vinhos tintos, brancos e rosés com rótulos inspirados em azulejos azuis.

Fundada no fim do século XIX e modernizada na década de 1990, a vinícola exporta 90% de sua produção para mais de 50 países e é conhecida pela relação custo-benefício dos seus vinhos. Os belíssimos rótulos, com mosaicos em alto-relevo e diversas imagens que simulam azulejos verdadeiros, celebram a conexão entre a rica herança cultural portuguesa e a arte de vinificar.

Azul
GRAN RESERVA
MALBEC - CABERNET SAUVIGNON
BODEGA LA AZUL
VALLE DE UCO - MENDOZA

Azul Gran Reserva

Uma vinícola que poderia ter inspirado Van Gogh

A teoria das cores não se limita à análise de sua composição. Abrange a história que contribui para a interpretação do espectro de matizes. Sua finalidade é entender a aplicação das cores nas diferentes áreas do conhecimento, desde as artes plásticas, psicologia, moda e arquitetura até a antropologia.

Figuras renomadas como Isaac Newton, na ciência, e Van Gogh nas artes, realizaram experimentos para compreender tanto a origem quanto a melhor aplicação das cores. Newton recorreu à óptica para estabelecer a relação da luz com as cores e registrou suas descobertas no livro "Opticks", de 1704. Van Gohg, durante o período em que viveu em Arles, na França, em 1888, deixou de lado as cores escuras e passou a privilegiar as combinações entre o amarelo e o azul na busca de maior luminosidade em suas telas.

A vinícola argentina La Azul até poderia ser inspiração para uma pintura de Van Gogh, em função das cores e da luminosidade do lugar, aos pés da Cordilheira dos Andes. O *terroir* está localizado, em Tupungato, no Vale do Uco, em Mendoza.

Tomás Augusto Fadel Hinojosa, poeta e neto de Francisco Hinojosa, precursor da produção de vinhos na família, recorda como se encantou pela paisagem local: "Na primeira vez em que me lembro de ter visto essas terras, eu era apenas uma criança, e a terra seca e pedregosa de arbustos baixos e dispersos me pareceu o deserto mais extenso que eu poderia imaginar. O amarelo da areia e o cinza das pedras contrastavam com o azul límpido do céu, que variava do azul mais claro à tarde, passando pelas fúcsias e laranjas do amanhecer e do anoitecer, até o azul quase negro da noite".

No fim do século XX, Francisco Hinojosa dividiu a propriedade entre os filhos. Cada lote era representado por uma cor. O Azul foi destinado à família de Tomás, que em 2003 batizou a pequena vinícola de La Azul e encomendou ao artista argentino Emiliano Dalmau uma identidade visual a partir de desenhos à mão livre. Com o tempo, a família ampliou o empreendimento com serviços gastronômicos, de hotelaria e de comercialização de uvas para vinícolas da região.

O rótulo que ilustra essa história – 60% Malbec e 40% Cabernet Sauvignon – é emoldurado por nuvens, a bandeira argentina em movimento, traços da paisagem local e o prédio principal da propriedade. Segundo Tomás, os rótulos refletem a filosofia da vinícola: fazer e beber vinho com simplicidade, descontração e diversão.

65 ANOS
BRASÍLIA
VINÍCOLA BRASÍLIA
VINHO NOBRE TINTO SECO
TEMPRANILLO
14,3%VOL
750ML

Brasília 65 anos

Tempranillo que presta homenagem à capital

São muitas as razões que levam uma cidade a ser escolhida a capital de um país. Pode ser por tradição e fatores históricos, localização geográfica, possibilidade de desenvolvimento econômico e social, estratégia de defesa da nação, ou mesmo uma mera escolha política. Mas nem sempre um país mantém a mesma capital ao longo de sua história, e temos exemplos entre grandes nações: Estados Unidos (já foi Nova York, Filadélfia até chegar a Washington), França (de Paris passou para Versalhes e voltou a ser Paris) e Japão (antes de Tóquio, foi Kioto).

E, claro, temos o Brasil. No período colonial, Salvador foi sede do país até 1763, quando a capital foi transferida para o Rio de Janeiro, especialmente por conta da mudança do nosso eixo econômico: do Nordeste açucareiro para a mineração no Sudeste, especialmente em Minas Gerais. Para melhorar as estruturas operacionais, portuárias e de defesa, o Rio foi a solução perfeita. Até que em 1960, com o objetivo de promover o desenvolvimento econômico e social do interior do país, Juscelino Kubitschek levou a capital para Brasília, construída do zero.

Em abril de 2024, no aniversário de 64 anos da capital federal, dez famílias produtoras fundaram a vinícola Brasília: Casa Vitor, Ercoara, Horus, Monte Altor, Oma Sena, Alto Cerrado, Marchese, Villa Triacca, Miro e Vista da Mata. Elas sempre atuaram em regime independente, mas decidiram reunir seus vinhedos para construir também um projeto coletivo. No cerrado, região inicialmente vista como inapropriada para vinhos de qualidade, a técnica da dupla poda e a colheita de inverno mostraram-se eficazes para castas como Syrah, Malbec e Tempranillo.

O objetivo foi conectar Brasília à cultura vitivinícola. A arquitetura da vinícola dialoga com os traços modernistas da cidade, e em 2025, no aniversário da capital, foi lançado o rótulo Brasília 65 Anos. A uva é a Tempranillo, proveniente de três safras: 2020, 2022 e 2024. Foram produzidas três mil garrafas de 750ml e 65 garrafas Magnum (1,5 litro) numeradas.

O design do rótulo foi inspirado em um quadro criado pelo artista brasiliense Daniel Jacaré, com símbolos da capital imortalizados por Oscar Niemeyer, como a Catedral, o Congresso e o Palácio da Alvorada, ao lado do desenho da vinícola e de cenas cotidianas da população. O quadro, aliás, está em exposição na vinícola, que oferece visitas guiadas e degustações, ampliando o acesso ao vinho produzido no coração do país.

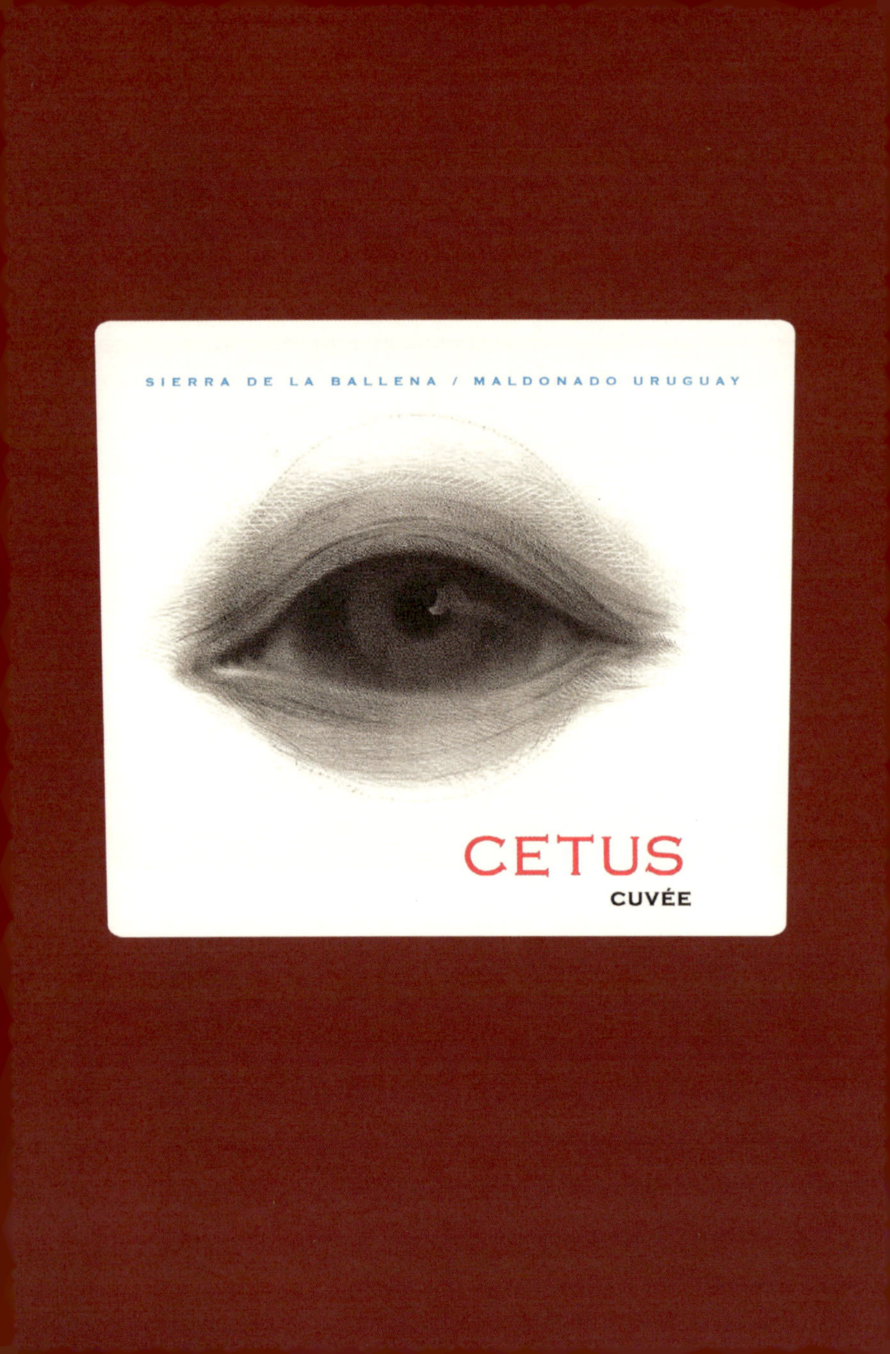
SIERRA DE LA BALLENA / MALDONADO URUGUAY
CETUS
CUVÉE

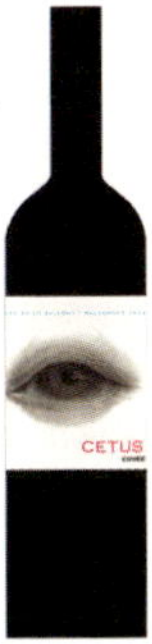

Cetus

Um encontro entre o céu, o mar e o vinho

A baleia é um animal emblemático na mitologia grega, uma divindade marinha chamada Cetus, a deusa dos monstros do mar, que também podia ser representada pelos tubarões e outros seres que viviam nas profundezas dos oceanos. Ela era filha de Pontos (Mar) e de Gaia (Terra). Por causa de seu nome, os animais aquáticos de grande porte foram chamados de cetáceos pela biologia.

Dos oceanos para o céu, Cetus foi batizada como constelação por Ptolomeu, sábio grego nascido no século II, que desenvolveu estudos sobre astronomia, geografia, matemática e outras ciências. Do céu para a iluminação de ruas e casas, o óleo extraído da gordura da baleia era uma fonte de energia entre os séculos XVI e XIX.

Ainda no século XIX, em 1851, a baleia mergulhou na ficção e nadou pelas páginas do livro do escritor americano Herman Melville, como Moby Dick, uma baleia branca da espécie cachalote. No cinema, um animal da espécie orca virou protagonista nos anos 1990 na trilogia "Free Willy", do diretor Simon Wincer.

A baleia também dá nome a lugares como a Sierra de la Ballena, que fica no departamento de Maldonado, próximo a Punta del Este, no Uruguai. Uma região elevada, que recebe a brisa do Oceano Atlântico e tem vista panorâmica. E é nesse lugar que a baleia mergulha no universo do vinho, graças à vinícola Alto de la Ballena.

Em sua maioria, seus vinhos são ilustrados pela cauda da baleia. Dois deles, porém, trazem a imagem do olho da baleia e receberam o nome de Cetus. O rótulo que apresentamos aqui é da uva Syrah, safra 2018, cultivada nas vinhas situadas na parte mais elevada da propriedade, de onde é impossível não ter um olhar contemplativo.

Nossa degustação dessa preciosidade foi um presente de um casal de amigos que passeava pelas terras uruguaias. Ao nos consultarem sobre indicações de vinhos, citamos o Cetus e fomos surpreendidos ao recebermos o vinho de presente. E que presente!

Fundada em 2000 pelo casal Paula Pivel e Álvaro Lorenzo, a vinícola tem 20 hectares, oito deles de uvas Merlot, Tannat, Cabernet Franc, Syrah e Viognier. Além de produzir vinhos, o casal investe no enoturismo, com visitas aos seus vinhedos à beira-mar, degustações e o famoso Festival Tannat & Cordeiro, que reúne mais de uma dezena de bodegas uruguaias celebrando a uva mais tradicional do país.

ANGELUS
PREMIER GRAND CRU CLASSÉ "A"
CHATEAU
ANGELUS
FAMILLE de BOÜARD de LAFOREST
SAINT-ÉMILION GRAND CRU
2015

Château Angelus

Sinos anunciam uma preciosidade em forma de vinho

Blém-blém, blém-blém, blém-blém, blém-blém, blém-blém...

Quem nunca passou por uma igreja no exato momento em que o sino começou a badalar, com aquele som que parece invadir a alma, trazendo paz e tranquilidade? O sino é um instrumento que ressoa através dos tempos e dos territórios, carregando consigo uma riqueza de significados e usos.

Esse objeto, que ecoa com tanta leveza, na verdade, exige uma grande força para ser tocado. Assim como os antigos agricultores pisavam as uvas para extrair o suco que daria origem ao vinho, os sineiros aplicam seu conhecimento e força física para criarem diferentes estilos e ritmos com o badalar dos sinos. É um trabalho que requer precisão e dedicação.

Na Antiguidade, os chineses utilizavam o sino para marcar o tempo e o período de trabalho. Já na Idade Média, os sinos foram incorporados ao catolicismo. Nos mosteiros, eram tocados para informar o início das cerimônias religiosas, além de indicar o retorno dos monges após caminhadas e visitas às vilas.

Os sinos também foram utilizados para transmitir mensagens codificadas por governos e para anunciar tempos de paz. E não podemos esquecer os campanários – torres construídas junto às igrejas para abrigar os sinos –, que têm importância histórica e arquitetônica. Um livro famoso, mais tarde imortalizado no cinema, é sobre Quasimodo, o sineiro que se apaixona pela Cigana Esmeralda no romance "O Corcunda de Notre-Drame", do francês Victor Hugo, publicado em 1831.

A França e seus *terroirs* têm uma relação secular com os sinos. Em Bordeaux, mais precisamente em Saint-Émilion, se encontra o Château Angelus ("Anjo do Senhor"). O sino, em diferentes modelos, estampa todos os rótulos da vinícola e está ligado à proximidade de seus vinhedos com três igrejas tradicionais da região, uma delas com o famoso campanário de Saint-Émilion, torre de 68 metros de altura construída no século XII. O som dos sinos dessas igrejas ecoa por todo o *terroir*.

O rótulo do Saint-Émilion Grand Cru apresenta um sino em fundo claro, que, segundo a vinícola, remete aos momentos de contemplação da oração do Angelus, associada aos badalos no decorrer do dia: 6h, meio-dia e 18h. Ao longo dos anos, a imagem do sino no rótulo passou por transformações, desde representações com estilo mais rústico até designs estilizados.

Alguns estudos sugerem que a música pode influenciar o crescimento das plantas e, no caso do vinho, a influência seria em seu processo de fermentação, conhecido por *sonor wine*. Em nosso imaginário, é como se cada taça do Saint-Émilion Grand Cru trouxesse a vibração de séculos de história, com sofisticação e badalos do sino. *Santé*!

PRODUCE OF FRANCE
CHATEAU PICHON LONGUEVILLE
COMTESSE DE LALANDE
GRAND CRU CLASSÉ
PAUILLAC
APPELLATION PAUILLAC CONTROLEE
S.C.I. DU DOMAINE DE CHATEAU PICHON LONGUEVILLE COMTESSE DE LALANDE
PAUILLAC - FRANCE
MIS EN BOUTEILLE AU CHATEAU

Château Pichon Longueville Comtesse de Lalande

Um brinde inesquecível a um clássico francês

Para contar esta história, é preciso voltar ao fim do século XVII, para entender as origens do Château Pichon Longueville Comtesse de Laland. Em 1689, Pierre Desmezures de Rauzan, grande comerciante de vinhos, adquiriu vinhedos na comuna de Pauillac, na região de Médoc, que cinco anos depois foram oferecidos como parte do dote de sua filha Teresa, quando ela se casou com o Barão Jacques Pichon de Longueville.

Os vinhedos permaneceram com a mesma família por algumas gerações, até que em 1851 a propriedade foi dividida em duas partes, e uma delas, o Château Pichon Comtesse de Lalande, produzia um vinho que em 1855 recebeu o título de Second Grand Cru Classé, na classificação imperial organizada por Napoleão III para a Exposição Universal de Paris.

No século XX, sempre produzindo vinhos de altíssima qualidade, a propriedade mudou de mãos: em 1925, a família Miailhe assumiu os 30 hectares originais, e, na década de 1980, May-Eliane de Lencquesaing, embaixadora da região, consolidou a reputação dos vinhos. Até que em 2007, a Casa Louis Roederer, famosa pela produção de champanhes, assumiu o comando do Comtesse de Lalande, modernizando o château, mas preservando seu perfil singular, que faz desses vinhos símbolos de Pauillac.

Localizado na margem esquerda do Gironde, ao norte de Bordeaux, o Château Pichon Longueville Comtesse de Lalande ocupa cerca de 85 hectares de solos de cascalho de alta qualidade, num cenário pra lá de especial. O clima marítimo da região, combinado com o manejo adequado do solo e a estratégica distribuição das videiras, favorece a produção de vinhos excepcionais.

Detalhamos toda essa história para falar como descobrimos esse vinho icônico, que também se deu num lugar especial: o restaurante Mesa do Lado, no Rio de Janeiro, do chef Claude Troisgros, que oferece uma experiência sensorial única, combinando arte e gastronomia. O ambiente é intimista, com apenas oito mesas, e estávamos comemorando uma data especial, desfrutando dos pratos e vinhos do menu degustação.

Durante a noite, um casal desconhecido na mesa ao lado – e isso não é uma alusão ao nome do restaurante – iniciou uma conversa sobre a experiência da degustação. Observando nosso interesse pelos vinhos servidos, pediram ao sommelier que nos oferecesse uma taça do tinto que tomavam. Queriam saber a nossa opinião, já que parecíamos bons apreciadores.

O vinho chegou no decanter e, sob a baixa iluminação do restaurante, só percebemos a preciosidade ao colocar o guardanapo sob a taça para a análise visual. Logo notamos a cor acastanhada, com halo alaranjado. Na boca, era uma experiência inigualável. O casal e o sommelier nos observavam com expectativa. Rui, que estudava vinhos franceses, opinou sobre o país e estimou a safra. Para nossa surpresa e orgulho, eles confirmaram: era um Château Pichon Longueville Comtesse de Lalande de 1989.

Ficamos momentaneamente sem palavras. Propusemos, então, um brinde, enquanto nossos vizinhos de mesa exaltavam como era gratificante compartilhar um rótulo tão especial com pessoas que sabiam apreciá-lo. O jantar prosseguiu, com cada casal na sua mesa, enquanto nós continuamos nos deliciando com a taça, uma belíssima surpresa de um encontro fortuito e uma experiência inusitada.

Saímos do restaurante prometendo que aquele episódio seria contado neste livro, celebrando as histórias por trás dos rótulos e o poder de conexão social do vinho.

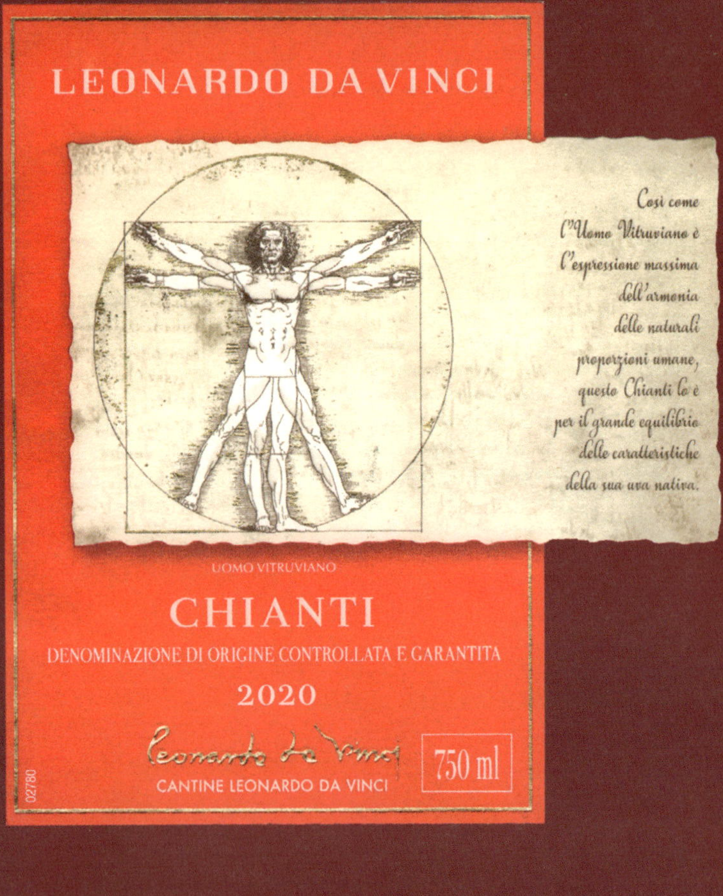
LEONARDO DA VINCI
Così come
l'Uomo Vitruviano è
l'espressione massima
dell'armonia
delle naturali
proporzioni umane,
questo Chianti lo è
per il grande equilibrio
delle caratteristiche
della sua uva nativa.
UOMO VITRUVIANO
CHIANTI
DENOMINAZIONE DI ORIGINE CONTROLLATA E GARANTITA
2020
Leonardo da Vinci
CANTINE LEONARDO DA VINCI
750 ml
02780

Chianti Leonardo da Vinci

Um gênio da humanidade que tinha paixão por vinhos

Polímata é aquela pessoa que apresenta talento e conhecimento em diferentes áreas. Nomes históricos como Hipátia de Alexandria, Galileu Galilei, Benjamin Franklin e, mais recentemente, Natalie Portman são exemplos de polímatas. Uma personalidade, porém, se sobressai entre tantas figuras de destaque: Leonardo da Vinci. Não apenas pelos múltiplos conhecimentos, como também pelas diferentes formas de manifestar seu pensamento.

Nascido em Vinci, região de Florença, na Toscana, ele viveu no auge do Renascentismo, período que tinha a visão do homem como centro do universo e da mais perfeita obra da criação da natureza. Foi cientista, matemático, engenheiro, inventor, anatomista, pintor, escultor, arquiteto, botânico, poeta, músico e, o que pouca gente sabe, um apaixonado pela viticultura.

Desde que nasceu, em 1452, Leonardo da Vinci viveu cercado por *terroirs* e cultivos de uvas. Na infância, seus pais eram donos de terras e vinhas na Toscana. Com o passar do tempo e o deslocamento por diversas cidades italianas, ele teve a oportunidade de se relacionar com enólogos locais, aprender técnicas de vinificação, além de fomentar e propor novas práticas para maximizar a qualidade do vinho.

Depois de pintar o painel "A última ceia", encomendado pelo regente de Milão, o duque Ludovico Sforza, Da Vinci foi presenteado com um hectare de vinhas. Este, aliás, foi o único bem que ele manteve até sua morte, em 1519, aos 67 anos. O vinhedo sobreviveu por muito mais tempo, até 1943, quando uma bomba o destruiu durante a Segunda Guerra Mundial.

A vinícola Leonardo da Vinci, localizada em Vinci, na região da Toscana, foi criada para manter e representar a eterna história desse polímata, tanto no aspecto técnico quanto artístico. Um bom exemplo é o desenho que estampa o rótulo Chianti com uma de suas obras mais famosas do período renascentista: "Homem vitruviano". O desenho retrata a figura humana como símbolo máximo da harmonia, beleza e equilíbrio na natureza, servindo como um modelo para a arte, a arquitetura e a ciência. O objetivo de Da Vinci era evidenciar a ideia filosófica de que "o homem é a medida de todas as coisas".

A inspiração de Da Vinci partiu do tratado de dez volumes "De architectura", do arquiteto e engenheiro romano Marco Vitrúvio Polião, que viveu no século I a.C. – e, diga-se de passagem, também um polímata. Ele apresentou o conceito do "homem perfeito", mas não conseguiu transformá-lo em um desenho que expressasse plenamente essa ideia. Ao longo dos séculos, pintores, artistas, arquitetos e inúmeras pessoas tentaram representar visualmente o conceito de Vitrúvio. Somente Da Vinci conseguiu capturar a essência do homem perfeito imaginada por Vitrúvio, tal como a vinícola Leonardo da Vinci encontrou o Chianti perfeito.

Clos Apalta

APALTA

DOMAINES BOURNET-LAPOSTOLLE

Clos Apalta

Tradição da Borgonha em um vinho chileno premiado

Os monges católicos, com sua rotina de oração, contemplação e trabalho silencioso, dedicam suas vidas ao autoconhecimento. Desde o período medieval, eles vêm desenvolvendo *expertises* e inovações em diferentes áreas, como educação, indústria, tecnologia, agricultura e comércio.

Não foi diferente com a produção de vinhos. Na Borgonha, na França, uma contribuição fundamental veio dos monges cistercienses, conhecidos por suas vestes brancas e por terem como princípio a excelência em tudo o que faziam. Um de seus primeiros trabalhos voltados para viticultura foi a busca do "terreno perfeito". Instalados na Côte-d'Or, um dos melhores *terroirs* da Borgonha, eles iniciaram esse projeto observando detalhadamente o cultivo de uvas em pequenas parcelas, de forma empírica e sem conhecimento científico.

Os monges anotavam tudo e, passado o tempo de maturação e colheita, cruzavam a característica diferente dos solos com a qualidade das uvas e dos vinhos elaborados em cada parcela. As melhores produções eram cercadas por muros de pedra. Essa ação foi batizada de "clos". Com o passar do tempo, várias vinícolas da Borgonha receberam essa denominação, modificando assim a paisagem local e celebrando a qualidade vínica na região.

Essa ação milenar de buscar parcelas de terras com capacidade de gerar uvas de altíssimo nível para a produção de vinhos é até hoje seguida por enólogos e vinícolas mundo afora. Entre eles, estão Alexandra Lapostolle e Cyril de Bournet, casal francês que, após explorar diversos países e *terroirs*, encontrou em 1994, no Vale de Apalta, no Chile, o local perfeito para suas vinhas.

Situado a 160 quilômetros ao sul de Santiago, o vale tem um relevo único, em forma de ferradura. Especialistas o consideram perfeito para o cultivo das uvas Carménère e Syrah, por conta dos solos argilosos e do clima favorável para o desenvolvimento das vinhas, com alta amplitude térmica tanto no verão quanto no inverno.

Com um *terroir* tão próspero, a família Lapostolle – assim como os monges de séculos passados – dedicou-se a estudar meticulosamente a terra em busca da produção de um vinho singular. Três anos depois, o esforço foi recompensado: a vinícola criou um dos rótulos mais emblemáticos da América do Sul, o Clos Apalta, que combina tradição e conhecimento franceses aplicados a um *terroir* chileno.

O rótulo azul e dourado representa o cenário original da vinícola, com o desenho de uma estrutura que lembra uma barrica e as parcelas de vinhas centenárias ao redor, em pleno equilíbrio com a natureza. Desde a primeira produção em 1997, o Clos Apalta já recebeu várias premiações, com destaque para as safras de 2014, 2015 e 2017, que mereceram, cada uma, 100 pontos do norte-americano James Suckling, um dos críticos de vinho mais renomados do mundo.

BRUT
BAR
CUVÉE
CEL
1872
ONA
CODORNÍU
BARCELONA
MÈTODE TRADICIONAL

Codorníu Cuvée Barcelona 1872

O primeiro espumante com identidade espanhola

Os espumantes regionais podem ser entendidos como uma expressão da identidade histórica, cultural e técnica de um país. Vale lembrar dos *crémants* da Alsácia e da Borgonha (França), os proseccos de Véneto (Itália), os *sekts* de Mosel (Alemanha), os espumantes da Bairrada (Portugal), os *cap classiques* de Robertson (África do Sul) e os *sparkling* californianos (Estados Unidos). Vamos agora apresentar a história do espumante cava, símbolo da região da Catalunha e da Espanha.

Nosso ponto de partida é 1551, ano em que a família Codorníu produziu seu primeiro vinho, pelas mãos de Jaume Codorníu, em Sant Sadurní d'Anoia, na região de Penedès, a cerca de 40 quilômetros de Barcelona. Ainda não se tratava de uma vinícola estruturada, mas o início simbólico de uma tradição familiar que atravessaria os séculos.

Mais de cem anos depois, em 1659, Anna de Codorníu, última herdeira do célebre sobrenome, casou-se com Miquel Raventós, unindo duas linhagens que se tornariam fundamentais para a história do vinho na Catalunha. O nome Codorníu foi preservado, mas a condução dos negócios passou às mãos da família Raventós, e assim permaneceu nos séculos XVII e XVIII.

Em 1820, quando a Espanha vivia um período de fragilidade do Poder Real, o país passou a ser administrado por uma monarquia parlamentar. Mas isso só durou três anos, o chamado Triênio Liberal. Ao observarem o risco de expansão desse modelo, as monarquias absolutistas – cujo poder ficava nas mãos exclusivamente do rei – planejaram uma intervenção. Em 1823, tropas francesas marcharam em direção ao norte da Espanha para restaurar o regime absolutista.

A presença cultural e comercial da França influenciou diversos setores na Catalunha, inclusive, os primeiros ensaios locais com vinhos espumantes. Foi a partir daí que a trajetória da família Raventós ganhou novo fôlego. Josep Raventós i Fatjó, na época à frente da vinícola, viajou até Champagne para conhecer os métodos de produção da bebida. Voltou apaixonado e determinado a lançar algo similar em terras catalãs.

Em 1872, Josep Raventós i Fatjó produziu a primeira garrafa de espumante catalão através do método tradicional (ou seja, com a segunda fermentação na garrafa), utilizando uvas nativas, como Macabeo, Xarel-lo e Parellada. Nessa época, a bebida ficou conhecida como "champanhe dos réus", "champanhã" e, especialmente, "champán".

A partir da década de 1960, porém, a França passou a pressionar a Espanha para alterar o nome "champán", alegando que apenas a produção da região de Champagne poderia ser batizada assim. Até que em 1972 o termo "cava" foi oficializado na legislação espanhola, conferindo identidade própria ao espumante local. A denominação remete às cavernas onde os espumantes eram tradicionalmente armazenados para envelhecimento.

Atualmente, cava é uma Denominação de Origem Protegida da Espanha e tem uma legislação própria para fabricação dos espumantes. A diferenciação para os champanhes franceses está relacionada ao método de produção local, às uvas utilizadas e a regras descritas na denominação de origem.

Cabe destacar ainda que, em 1976, a vinícola da família Raventós recebeu o título de monumento histórico e artístico nacional e foi reconhecida como uma das mais antigas em atividade na Península Ibérica.

O rótulo aqui apresentado foi criado para homenagear a primeira garrafa de espumante cava moderno, aquele elaborado por Josep Raventós i Fatjó em 1872, fortalecendo a memória e as tradições que definem a identidade da região. A garrafa, toda pintada, é uma verdadeira obra de arte.

CORDEL
Vinho Fino
Tinto Seco
2020
12,7% vol.
750 ml
CEPAS
DIAMANTINAS

Cordel

Tinto baiano exalta a cultura popular do Nordeste

A literatura de cordel, com sua oralidade musical e seus livretos com xilogravuras que refletem histórias e personagens locais, é um patrimônio brasileiro. Apesar da origem ibérica, foi abraçada no Nordeste e ganhou identidade própria com narrativas românticas, rimadas e em sextilha (estrofes de seis versos). Quase sempre as histórias retratam personagens e heróis locais, além de figuras imaginárias. Tudo com muito humor.

O paraibano Leandro Gomes de Barros é considerado o pai do cordel: escreveu mais de mil histórias até sua morte, em 1918. Entre eles, destacam-se "O cavalo que defecava dinheiro", "História da donzela Teodora" e "O testamento do cachorro". Sua obra também influenciou a criação do livro "O auto da Compadecida", do escritor e dramaturgo Ariano Suassuna.

No Rio de Janeiro, estão localizados dois guardiões dessa manifestação cultural: a Academia Brasileira de Literatura de Cordel, que reúne mais de 13 mil cordéis, em exposição e à venda, e a Feira de São Cristóvão, onde os nordestinos que migravam para o Rio mantinham sua arte acesa, especialmente nas décadas de 1970 e 1980.

E não é que o cordel virou vinho? A vinícola UVVA, na cidade de Mucugê, na Chapada Diamantina, Bahia, elaborou o rótulo Cordel, um *blend* composto pelas uvas Syrah, Cabernet Sauvignon, Merlot e Malbec. A UVVA foi criada por uma família gaúcha, que, ainda na década de 1980, identificou o potencial agrícola da Chapada Diamantina e passou a produzir batata e café para exportação. A vinícola foi concebida em 2012, mas inaugurada quase dez anos depois, utilizando a tecnologia brasileira da dupla poda.

A marca UVVA presente nos rótulos é uma combinação inspirada em diamantes e cachos de uvas, simbolizando a convergência de riquezas naturais da Chapada. Eles trazem ainda a assinatura "Cepas Diamantinas", que destaca a procedência e qualidade dos vinhos, refletindo o *terroir* único da região. A vinícola se orgulha de ser comprometida com práticas sustentáveis: utiliza métodos de cultivo que preservam o meio ambiente e promovem a biodiversidade, reforçando o respeito pela natureza e pela cultura local.

Por fim, ao analisar o rótulo, observamos uma linguagem visual limpa, sem ornamentos, com cores neutras e letras finas. Essa escolha não pode ser vista como ausência, mas sim com um propósito. A ideia foi criar uma metáfora entre o cordel literário e o vinho, com o intuito de demonstrar que essa bebida apresenta ritmo, identidade e riqueza sensorial.

Embora não traga um desenho típico de cordel no rótulo, o vinho é uma homenagem não só à literatura popular, mas também à sua produção, que utiliza uvas selecionadas para criar um *blend* que representa a diversidade e a riqueza do Nordeste brasileiro.

LOUIS ROEDERER
CRISTAL®
CHAMPAGNE
BRUT
750ml Alc.12% by Vol.
CRISTAL®
REIMS
PRODUCE OF FRANCE

Cristal

Um champanhe exclusivo para o imperador da Rússia

Vamos contar agora a história do czar Alexandre II, imperador da Rússia, que solicitou à Casa Louis Roederer, uma prestigiada vinícola da região de Champagne, na França, que elaborasse um espumante exclusivo, em um novo tipo de garrafa.

Mas, para entender o inusitado pedido de uma nova garrafa, temos que voltar ao início do seu reinado, em 1855, quando a estrutura social da Rússia estava em profunda crise política e financeira. Diante do cenário, o imperador realizou uma série de reformas, levando integrantes de alguns movimentos sociais a conspirarem para matá-lo. A coragem de realizar transformações sociopolíticas importantes tornou o czar um alvo e o levou a se cercar de cuidados para não ser assassinado.

Como Alexandre II era um grande apreciador de champanhe, havia o temor de que alguém colocasse explosivos ou alguma substância venenosa no fundo côncavo das garrafas. A vinícola, então, engarrafou a bebida em um inédito recipiente, com fundo plano e feita de chumbo transparente, uma forma pouco comum do metal, que conferiu à garrafa as características do cristal, permitindo que se enxergasse todo o conteúdo. A produção também mereceu atenção: um novo champanhe, com uvas de diferentes vinhedos, foi criado especialmente para o czar.

As primeiras garrafas com o rótulo da Cristal, transparentes e sem o côncavo na base, foram enviadas para a Rússia em 1876, para deleite de Alexandre II, que as degustou pelos cinco anos seguintes. Até que em 1881, após sofrer seis tentativas de atentado, um jovem não identificado lançou uma bomba contra o imperador e o matou.

A exclusividade da Casa Louis Roederer para a Rússia durou até 1924, quando passou a exportar a bebida para outros lugares do mundo. Até hoje, o Champanhe Cristal só é produzido em anos considerados excepcionais, em edições limitadas e com preço que ultrapassa mil dólares – as garrafas não são mais as mesmas desenvolvidas para o czar Alexandre II.

A missão da Casa Louis Roederer continua sendo proteger contra atentados, porém, agora, relacionados ao meio ambiente, como explica o enólogo-chefe Jean Baptiste Lécaillon: "No século XXI, nossa batalha é pela natureza: o respeito à terra nunca foi tão vital. Significa dar maior resiliência à videira, recriar o máximo de diversidade possível, enriquecer o ecossistema com diferentes espécies e traçar o nosso próprio rumo".

13
BTL Nº: 001 / 573
CUVÉE XIII

Cuvée 13

Número que traz sorte e identidade a um Pinot Noir

Nós temos uma incrível capacidade de significar e ressignificar valores, crenças e costumes individuais e coletivos. Para alguns sociólogos, a vida é toda construída de representações sociais, das mais complexas às mais simples. E os números são um ótimo exemplo disso.

Um número que provoca diferentes interpretações é o 13. Para alguns, representa sorte. Muitos, porém, enxergam um significado contrário. Em painéis de elevadores de determinados países, como os Estados Unidos, esse número é evitado. Em Nova York, inclusive, a cada dez imóveis, oito não possuem o 13º andar e sim o 12ºA. Na aviação, algumas companhias aéreas baniram a fileira 13 nos assentos. Da 12 pula para a 14. Já na maçonaria, o 13 possui um significado especial, de transformação, assim como no tarô, em que o número representa a morte, mas no sentido de fim de um ciclo.

No universo do vinho, o número 13 tem uma história peculiar envolvendo a família Drouhin, renomada na região da Borgonha, na França, por conta de seus rótulos *premier cru* e *grand cru* (classificação que indica vinhos de alta qualidade), produzidos desde o fim do século XIX. Em 1987, a família decidiu expandir os negócios e abrir uma vinícola em Oregon, nos Estados Unidos. O propósito era cultivar as castas Pinot Noir e Chardonnay, criando vinhos americanos com "alma francesa".

Até que em 2012, após uma colheita excepcional de Pinot Noir, a melhor desde a fundação da vinícola Domaine Drouhin, duas parcelas foram encaminhadas ao tanque número 13. Alguns dias depois, no entanto, descobriu-se que uma das travas do tanque havia quebrado, restando o suficiente para encher somente duas barricas. Apesar do contratempo, o processo de vinificação foi mantido, e o vinho, engarrafado dois anos mais tarde. A produção se limitou a 573 unidades. Ganhou o nome de Cuvée 13 e foi comercializado apenas para clientes especiais do clube de vinho da vinícola. Ainda assim, cada um teve direito de adquirir no máximo três garrafas.

A produção reduzida devido ao incidente levanta questões intrigantes. Será que esse episódio pode ser considerado má sorte? Ou foi justamente o contrário, uma virada de sorte, já que permitiu a criação de um produto exclusivo? O número 13 do tanque pode ter exercido alguma influência sobre o desfecho ou se tratou de uma mera coincidência? São interrogações que acrescentam uma camada fascinante à narrativa desse rótulo, convidando-nos a refletir sobre o papel do acaso e do simbolismo do 13.

THE WINE
OF DISQUIET
Vinho do Desassossego
RESERVA 2019

Desassossego

A poesia de Fernando Pessoa expressa numa garrafa

A criatividade é uma competência que se desenvolve com o tempo, a partir da capacidade de misturar ideias, experimentar, resolver problemas e dar forma a objetos, personagens e cenários. A criatividade não é um dom exclusivo dos artistas, mas sim o resultado da combinação de diferentes conhecimentos e habilidades, que variam de acordo com o perfil de cada pessoa e, às vezes, com o grau de dificuldade para encontrar uma solução.

Na literatura de ficção, os autores mostram sua habilidade ao criar personagens, cenários e histórias. Em alguns casos, esse processo é tão singular que o escritor se transporta para um universo próprio, assumindo outras personalidades nas narrativas, que o leva a usar pseudônimos ou heterônimos.

Um dos escritores que melhor utilizou esse recurso foi o português Fernando Pessoa. No decorrer de sua trajetória literária, no início do século XX, ele criou cerca de 70 autores fictícios. Entre eles, os mais conhecidos são Alberto Caeiro,

Ricardo Reis, Álvaro de Campos e Bernardo Soares. Todos com personalidades e características diferentes.

A genialidade de Pessoa motivou a vinícola Art Inspired Wines, localizada no norte de Portugal, a lançar o rótulo Desassossego Reserva 2019, em celebração ao "Livro do desassossego", assinado por Bernardo Soares, descrito como um ajudante de guarda-livros que vivia em Lisboa e possuía algumas similaridades com seu criador, Fernando Pessoa.

A Art Inspired Wines costuma criar vínculos culturais entre os artistas dos vinhos, os enólogos e obras marcantes de personalidades da arte portuguesa. Para os proprietários da vinícola, Miguel Pavão e Tiago Ferreira, o vinho "é o resultado do envolvimento criativo de artistas de diferentes especialidades, seja a enologia, a ilustração, a cerâmica etc".

O design do rótulo Desassossego foi elaborado pela artista portuguesa Catarina Pinto Leite. A técnica empregada, linogravura, destaca-se pela ênfase na arte negativa e na criação de uma imagem espelhada, gravada em linóleo, um material emborrachado. A imagem simbólica do rosto do poeta com seu chapéu está no centro de um relógio, cujas definições fluidas estabelecem um diálogo harmonioso com a célebre frase de Fernando Pessoa impressa no rótulo: "Vivo sempre no presente. O futuro, não o conheço. O passado, já não o tenho".

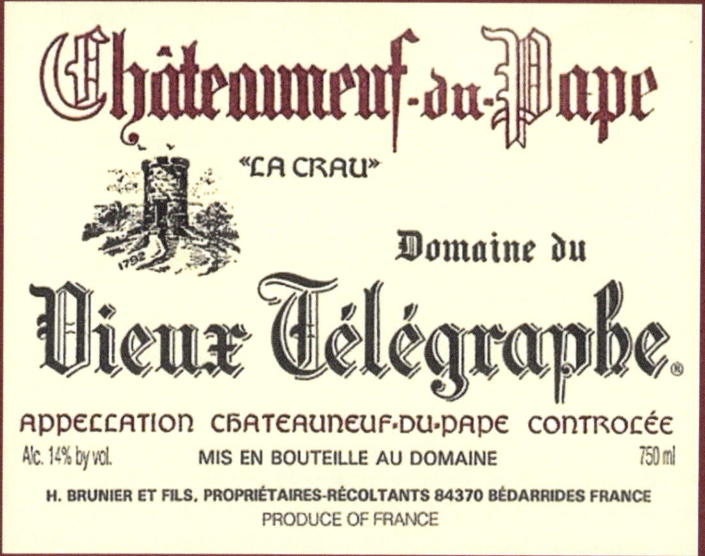
Châteauneuf-du-Pape
"LA CRAU"
1782
Domaine du
Vieux Télégraphe®
APPELLATION CHATEAUNEUF-DU-PAPE CONTROLÉE
Alc. 14% by vol.
MIS EN BOUTEILLE AU DOMAINE
750 ml
H. BRUNIER ET FILS. PROPRIÉTAIRES-RÉCOLTANTS 84370 BÉDARRIDES FRANCE
PRODUCE OF FRANCE

Domaine du Vieux Telégraphe Châteauneuf-du-Pape

O vinho que simbolizou o Papado de Avignon

A história tanto da garrafa quanto deste rótulo está relacionada ao desejo de poder de dois personagens históricos europeus, num cenário de conflitos e violência que levou ao surgimento de um dos *terroirs* mais emblemáticos da França.

No século XIV, no período do papado de Bonifácio VIII (1294 a 1303), o Velho Continente era marcado pela expansão dos estados-nação em conjunto com o fortalecimento dos poderes monárquicos. Além disso, o papa exercia um poder que o colocava na posição não apenas de líder supremo da Igreja Católica, mas com possibilidades diretas de influenciar e interferir em assuntos pertinentes a outros impérios e reinados. Assim, a Igreja legitimava, pelo poder divino, o período de reinado de um soberano.

Tal cenário foi o estopim de uma série de conflitos entre o papa e o rei da França, Felipe IV, o Belo. Além de recusar as orientações do clero, o monarca estabeleceu uma forte resistência ao sumo pontífice, expulsou os representantes do clero de sua administração, criou tributações vinculadas às igrejas católicas em seu território e proibiu a transferência de recursos financeiros para Roma.

O papa respondeu com a excomunhão do rei. Felipe IV, então, criou uma comitiva militar para visitar Bonifácio VIII e exigir que ele renunciasse ao papado. Para o sumo pontífice, porém, antes a morte do que a abdicação. Depois de uma série de ações violentas, o papa foi preso. Liberado alguns dias depois, morreu logo em seguida.

Felipe IV teve forte influência no conclave, e quem acabou eleito foi o bispo de Bordeaux, Raymond Bertrand de Got. Nomeado Clemente V, ele instituiu o Papado de Avignon, marcado pelas seguintes características: mudança da sede governamental para a cidade francesa de Avignon, diminuição do prestígio da Igreja no espaço europeu e a divisão da cristandade.

Esse período da história se prolongaria por 67 anos, e seria vivenciado por outros seis papas: João XXII, Bento XII, Clemente VI, Inocêncio VI, Beato Urbano V e Gregório IX. No papado de João XXII, inclusive, foi construído o castelo de verão papal em Châteauneuf, cercado por oliveiras e vinhas.

Ao longo dos anos, iniciou-se uma produção exclusiva de vinhos para atender João XXII e seu clero. A garrafa receberia como símbolo as chaves cruzadas, que representavam o papado exercido naquele território. São as chamadas chaves do reino do céu, projetadas por Deus para Pedro. Já o termo Châteauneuf-du-Pape significa novo castelo do papa.

Domaine du Vieux Telégraphe é um dos produtores mais conhecidos e famosos da região de Châteauneuf-du-Pape. O rótulo La Crau é uma homenagem a uma antiga torre de telégrafo instalada no terreno onde hoje fica o *terroir* para a produção de vinhos.

Herú
PINOT NOIR
CASABLANCA VALLEY
VENTISQUERO

Herú

O duende do gorro vermelho passeia pelos vinhedos

Lendas são representações da identidade cultural de um povo. Narrar fatos ou acontecimentos por meio de personagens fictícios é uma tradição milenar e universal. Histórias de deuses e figuras sobrenaturais com superpoderes demonstram a criatividade e a imaginação da mente humana.

Egípcios, gregos e romanos associavam sua mitologia a elementos da natureza, como o sol, a lua, a terra e o mar. Foi assim que surgiram figuras como Rá (sol), Hórus (céu), Zeus (rei dos deuses), Afrodite (beleza e amor), Poseidon (marés e água), Júpiter (deus do dia) e Juno (esposa de Júpiter e rainha dos deuses).

Outros povos, como celtas e nórdicos, elegeram como protagonistas os duendes, elfos e gnomos. Os *leprechauns*, duendes irlandeses, de cor verde, são um ícone dessas criaturas. Eles vivem em florestas e lugares distantes, costumam ser representados com barba, chapéu e casaco, e guardam potes de ouro no fim do arco-íris.

Duendes e vinhos se encontram numa história que começa em 1999, quando o chileno Gonzalo Vial criou a vinícola Ventisquero, no Vale do Maipo, no Chile. O nome foi uma homenagem a um dos símbolos desse país, as geleiras da Patagônia – ventisquero, em espanhol, significa geleira.

Ao longo do tempo, os proprietários da vinícola decidiram enriquecer sua história com um toque de misticismo, incorporando um elemento sobrenatural: o elfo Herú, figura mágica de gorro vermelho, responsável por zelar pelos *terroirs*. Presente nos rótulos da Ventisquero, Herú tem suas raízes nas crenças populares do Vale de Casablanca, no norte do Chile, onde a tradição relata a presença de seres encantados que circulam pelas vilas e arredores.

Nas rodas de conversa, os donos da vinícola dizem que Herú circula pelos vinhedos para proteger o local e, segundo a lenda, realiza feitiços para quem tiver a sorte de encontrá-lo. Eles atribuem ao duende o papel de evocar a perfeição e o equilíbrio nas notas e aromas deste emblemático Pinot Noir, tornando-o uma verdadeira expressão da magia do *terroir*.

Se você gostou da lenda do Herú, deixamos uma sugestão: sempre que visitar uma vinícola e degustar uma taça de vinho, observe o seu entorno... Quem sabe não encontre criaturas mágicas que realizem seus desejos?

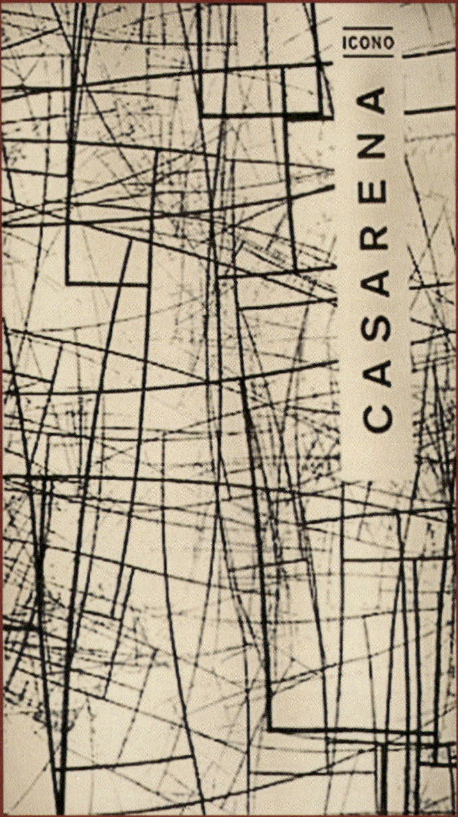
ICONO
CASARENA

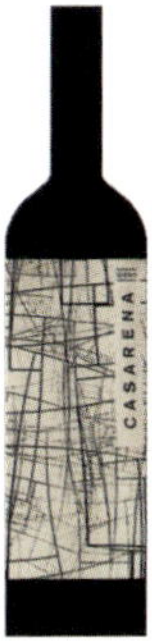

Icono

Vinho argentino que combina tradição com inovação

A palavra "ícone" tem origem no grego *eikon* (εἰκών), que significa "imagem" ou "representação". Seu uso mais antigo está ligado à religião, especialmente ao cristianismo oriental, que usava o termo para definir imagens sagradas veneradas pelos fiéis.

A palavra ganhou diferentes contextos com o passar do tempo. Na informática, é o símbolo gráfico que representa funções e comandos; na cultura pop, identifica pessoas, objetos ou obras que se tornaram amplamente reconhecidos; na arquitetura, refere-se a construções que representam uma época ou estilo. Em áreas como sociologia e filosofia, o ícone é algo que inspira ou ajuda a interpretar o mundo ao nosso redor.

No mundo do vinho, o nome Icono batiza o rótulo *premium* da vinícola argentina Casarena e reflete bem esse conceito. Localizada em Luján de Cuyo, em Mendoza, uma das regiões mais reconhecidas para o cultivo de uvas, Casarena combina as palavras "casa" e "arena", em referência à cor arenosa do casarão histórico onde a vinícola foi instalada. A construção original, do início do século XX, foi restaurada para preservar sua arquitetura tradicional.

A vinícola nasceu em 2003, pelas mãos de um grupo de entusiastas do vinho, até ser adquirida pelo casal Peter e Karen Dartley, que reforçou o compromisso com a qualidade e a pesquisa, além de contribuir para a criação da Denominação de Origem Controlada (DOC) em Luján de Cuyo. Os vinhos da Casarena possuem certificações vegana e sustentável, e a vinícola em breve deve obter também a certificação orgânica.

Aqui cabe uma explicação de forma resumida: a certificação vegana garante que o vinho é produzido sem o uso de ingredientes ou processos de origem animal, como clarificantes derivados de gelatina, caseína (proteína do leite), *isinglass* (bexiga de peixe) ou albumina (proteína do ovo). A certificação sustentável, por sua vez, reconhece práticas que minimizam impactos ambientais e promovem responsabilidade social e econômica. Já a certificação orgânica assegura que as uvas são cultivadas sem pesticidas ou fertilizantes sintéticos, respeitando o ciclo natural da terra e a biodiversidade.

Algumas safras, como a de 2017, foram produzidas somente com uvas Malbec, sob o nome Icono DNA, uma referência ao *terroir* de Luján de Cuyo. Esta safra, por sinal, recebeu 95 pontos do crítico James Suckling e passou a figurar entre os vinhos top 100 da Argentina. Em outras edições, o Icono combina Malbec e Cabernet Sauvignon, podendo incluir novas variedades conforme a safra. Características que fazem do Icono um vinho que valoriza a harmonia entre tradição e inovação.

KÖETZ
Lembras-te que tu és mortal
Gamay
2024
Vinho Fino
Tinto Seco
750mL
11,7%Vol.

Köetz Gamay

Celebração à vida num rótulo artesanal

Falar da morte talvez seja, antes de tudo, uma forma de afirmar a vida. Não há consenso sobre o que significa morrer, e talvez por isso mesmo tantas culturas tenham se dedicado a criar rituais e imagens que deem forma ao invisível. A ciência, com sua precisão, oferece parâmetros fisiológicos; a filosofia, sempre inquietante, tenta encontrar sentidos; e a religião busca o conforto.

Desde a Grécia Antiga, pensadores interpretam a morte como um momento inevitável. O ciclo da vida, o tempo, o sentido e a liberdade eram elementos que passavam por uma contemplação filosófica. Sócrates entendia a morte como o ato da liberação da alma, uma etapa de desvinculação do corpo e das ilusões. Epicuro, por sua vez, rejeitava o medo da morte como irracional: dizia que ela simplesmente não nos alcança enquanto existimos. Já a filosofia africana propõe uma visão relacional da morte, em que a existência é um processo contínuo de transformação e interação entre diferentes planos do ser.

No mundo medieval, Santo Agostinho e São Tomás de Aquino avaliavam esse momento como uma passagem para a vida eterna, que servia como preparação para o encontro com Deus. A filosofia oriental, por outro caminho, compreendia a morte como parte de um ciclo, não como ponto final. Já Albert Camus, em pleno século XX, questionou se havia sentido discutir a morte antes de experimentá-la.

Em algumas tradições, esse momento de passagem é também de festa. Em países como México, Haiti, Índia e Tibete, a morte é celebrada como forma de homenagear a vida. Em 2017, a Disney abordou essa celebração com a animação "Viva – A vida é uma festa", que retrata o jovem personagem Miguel e sua família explorando a cultura mexicana. O pano de fundo é o *dia de los muertos*.

Se não há um consenso para interpretar a morte, a Bodega Köetz, do Rio Grande do Sul, resolveu transformar o tema em vinho e criou uma linha, safra 2024, com um rótulo lúdico para retratar a finitude da vida. Com ilustrações de esqueletos segurando taças e a frase "Lembras-te que tu és mortal", o produtor nos convida a celebrar a vida com vinhos Gamay, Pinot Noir e Sangiovese. Não há traço sombrio nos vinhos da Köetz, apenas um convite. A escolha por vinhos leves e frescos, feitos para encontros e celebrações, reforça essa intenção: brindar à presença.

Fundada por Roger Köetz, a vinícola surgiu de um interesse crescente e autodidata pela vinicultura. No início, Roger adaptou a estrutura de uma antiga cervejaria para vinificar em pequena escala. Sem vinhedos próprios, passou a adquirir uvas de diferentes regiões do estado, especialmente de áreas de altitude, como André da Rocha.

A produção segue princípios de mínima intervenção, com fermentações espontâneas e ausência de filtragens ou correções. Ele conduz pessoalmente todas as etapas do processo, da vinificação à comercialização, mantendo a proposta de produções limitadas e cuidadosas. No caso do Gamay, que escolhemos apresentar aqui, foram apenas 600 garrafas produzidas, todas numeradas.

CHAMPAGNE
LA
GRANDE
DAME®
2012
BRUT
VCP
Veuve Clicquot®
REIMS FRANCE
750 Ml
PRODUCT OF FRANCE
ALC. 12.5% BY VOL.
PRODUCED BY VEUVE CLICQUOT PONSARDIN - REIMS - FRANCE - NM 549-004
5163126

La Grande Dame

O encontro entre duas mulheres protagonistas

A história mostra que nunca foi fácil para as mulheres serem protagonistas. Para elas se destacarem, era fundamental uma diversidade de competências, como autoconhecimento, autenticidade, empatia, atitude e coragem, além da capacidade de inspirar e transformar a sociedade. Essas características levaram mulheres a mudar o *status quo* em diversas áreas, como política, economia, arte e educação.

Antes do século XX, quando uma mulher se aventurava e liderava um trabalho fora do âmbito doméstico, ela mudava substancialmente a lógica de produção, desafiando os códigos de conduta social e religiosa. No entanto, quanto mais provavam suas competências, mais as relações de poder patriarcais criavam barreiras para tentar limitar a participação feminina.

Desde o fim do século XVIII, na região de Champagne, na França, o setor da viticultura já contava com uma forte presença de mulheres, que atuavam como vinhateiras e agricultoras. De acordo com a pesquisadora Tilar Mazzeo, elas não eram bem-vistas, apesar de contribuírem significativamente para a economia e fornecerem uvas para grandes marcas da época, como a Moët.

No início do século XIX, Barbe-Nicole Ponsardin – famosa hoje como Madame Clicquot – apoiava seu marido, François, nas reflexões sobre os negócios e o acompanhava nas visitas de campo para conhecer produtores e novas técnicas, além de participar de degustações. Em 1805, quando tinha 27 anos, seu marido morreu e ela decidiu assumir o negócio, que enfrentava dificuldades. Seu sogro, no entanto, lhe impôs uma condição: seria tutorada durante quatro anos por um sócio que ele designou.

Passado esse período, Madame Clicquot não apenas evitou a falência da empresa, como começou a prosperar. Conhecedora profunda da produção e do comércio de vinhos, ela atuou em um período histórico de guerra, em que o comércio internacional era instável e arriscado. Também enfrentou desafios técnicos, como o armazenamento do champanhe. Os galpões dos portos não possuíam temperatura adequada: as garrafas não suportavam a pressão e frequentemente estouravam. Mesmo diante de tantas dificuldades, ela transformou sua empresa em uma das marcas de champanhe mais renomadas do mundo até hoje.

Em 1972, a Maison Veuve Clicquot criou o rótulo La Grande Dame para celebrar os 200 anos da casa e homenagear sua matriarca, Madame Clicquot. Em 2012, uma outra edição comemorativa foi lançada. Dessa vez, a artista plástica japonesa Yayoi Kusama desenhou um novo rótulo e uma caixa de proteção para o champanhe.

Vale destacar que Yayoi Kusama também foi uma mulher protagonista. Em busca de um sonho, ela deixou a família no Japão e foi para os Estados Unidos desenvolver sua arte. Yayoi se tornou mundialmente conhecida por esculturas e instalações repletas de bolas, de diferentes tamanhos e cores, que evocam o infinito. O rótulo e a caixa que criou para a edição comemorativa do La Grande Dame representa uma flor opulenta, que simboliza a vida, o amor e a paz. As bolinhas também remetem às *perlages*, as pequenas bolhas do champanhe.

Tanto Yayoi Kusama quanto Madame Clicquot compartilharam uma profunda paixão por seu ofício, que as levaram a romper com as convenções das suas épocas e as tornaram mulheres protagonistas e imortais. Yayoi, com suas instalações imersivas e padrões infinitos, e Madame Clicquot, com sua incansável busca por perfeição e inovação na vinificação.

La Posta
ARMANDO
GROWN BY
ESTELA
ARMANDO
FRESH RASPBERRY AROMAS
BONARDA
SUBTLE SMOKY OAK NOTES
CRAFTED IN MENDOZA
ARGENTINA
13.5% ALC. BY VOL.
750 ML

La Posta

Uma celebração às conversas apaixonadas ao redor da mesa

Imagine o simples ato de comer. O que para muitas espécies é apenas uma necessidade básica, para nós, se transformou em um banquete de significados culturais. Não é apenas sobre saciar a fome, mas sobre celebração, tradição e identidade. A maneira como preparamos, servimos e compartilhamos os alimentos permite que as pessoas se conectem e criem interação social.

Comer em grupo é relatado desde a pré-história, quando caçadores se reuniam para se aquecer ao redor do fogo, cozinhar e se alimentar. Na Antiguidade, as refeições comunitárias ganharam novas formas, com inclusão de mesa e bancos. Já na Idade Média, banquetes em castelos e mosteiros serviam de pano de fundo para temas como política, religião e celebrações.

Durante a Idade Moderna, passou-se a valorizar etiquetas à mesa e, a partir de meados do século XVIII, em Paris, na França, surgiu o costume de comer fora de casa, em restaurantes. O ato de se reunir para refeições também é retratado na história e na arte, com destaque para "A última ceia", pintada por Leonardo da Vinci, e o livro "Banquete", de Platão.

A vinícola argentina La Posta, em Mendoza, comandada por Laura Catena, criou rótulos chamados La Posta del Viñatero (a taverna do vinhateiro), inspirados no hábito das famílias de se reunirem ao redor da mesa em restaurantes. Enquanto comiam e bebiam, eles costumavam falar apaixonadamente sobre suas produções, desde a análise do clima e do solo até o tempo de colheita e os processos de fabricação do vinho.

Assim nasceu a linha de vinhos La Posta, desenvolvida pelo enólogo e viticultor Luis Reginato, que homenageia as famílias proprietárias de pequenos vinhedos em Mendoza, fornecedores da vinícola. Cada vinho tem o nome de uma família e da casta que oferecem, como Pizzella Malbec, Armando Bonarda, La Posta Glorieta Pinot Noir, Paulucci Malbec... Os rótulos, em estilo *art nouveau* e *art déco* e com tipografias marcantes, refletem a personalidade das famílias e a história por trás de cada garrafa.

LEGEND OF
DRACULA
Fetească Neagră
DRY RED WINE
VIN ROȘU SEC

Legend of Dracula

Homenagem da Romênia ao Príncipe das Trevas

Além de poemas e contos, o escritor irlandês Bram Stoker escreveu mais de dez romances, a maioria voltada para o terror gótico. "Drácula", publicado em 1897, é sem dúvida sua obra mais emblemática. A história se passa em dois cenários distintos: a sombria região da Transilvânia, na Romênia, e a vibrante Londres vitoriana, na Inglaterra. Sua inovação foi a criação de personagens que narravam a história por meio de diários pessoais, jornais e cartas.

Logo nos primeiros capítulos, a trama de "Drácula" é apresentada ao leitor por meio do diário de Jonathan Harker, advogado inglês recém-formado que tinha como missão ir à Transilvânia para visitar o Conde Drácula em seu castelo e assessorá-lo na compra de uma mansão nos arredores de Londres.

No século XIX, já existiam histórias de vampiros, mas Bram Stoker se notabilizou por tornar Drácula uma figura imortal, que se alimentava de sangue humano, não podia ficar exposto ao sol e tinha aversão a símbolos religiosos, como cruz e água benta. O livro se tornou um clássico da literatura de terror e deu origem a inúmeras adaptações no teatro, no cinema e até mesmo no mundo dos vinhos.

Em 2003, na Romênia, a terra do Conde Drácula, a enóloga Aurelia Vişinescu fundou a vinícola Domeniile Săhăteni. Dez anos depois, ela criou não só uma linha de vinhos, mas também de outras bebidas alcoólicas, como licor, vodca e aguardente, para homenagear um dos personagens mais icônicos do terror mundial. Para isso, usou a uva tinta Feteasca Neagra, nativa da região. Aurelia foi a pioneira em vinificar essa casta para produção de vinhos tintos secos.

O sombrio mundo de Drácula ilustra os rótulos, com névoas e seu castelo imponente ao fundo. O famoso celo vermelho traduz a aristocracia de um nobre, um convite para desvendar mistérios e curiosidades desse vinho intrigante. Uma curiosidade: em eventos e degustações da vinícola, a garrafa ganha como adereço a capa vermelha do Drácula.

Liberdade
INCONFIDÊNCIA
MINEIRA
LIBERTAS QUAE SERA TAMEN
CASA GERALDO
CORTE BORDALES
SAFRA 2019
750 ml VINHO NOBRE TINTO SECO 14,1% vol.

Liberdade

História do Brasil numa garrafa de vinho

Na Antiguidade, o filósofo grego Aristóteles definiu liberdade como o ato de realizar escolhas, tendo como ponto de partida a vontade própria. Para Immanuel Kant, filósofo alemão do século XVIII, liberdade estava diretamente ligada à autonomia, ou seja, o indivíduo tem a capacidade de ditar suas próprias regras a partir dos princípios propostos pela sociedade, as chamadas leis morais. Já o filósofo francês do século XX Jean-Paul Sartre entendeu a liberdade como uma condição inata, isto é, que já nasce com as pessoas: o ato de escolher compõe o desenvolvimento humano.

Vários personagens da história não apenas lutaram como também ofereceram as suas vidas para que todos tivessem liberdade e direitos garantidos. No Brasil, o dentista Joaquim José da Silva Xavier, mais conhecido como Tiradentes, tornou-se um herói nacional da causa. Nascido em 1746, ele foi um dos líderes da Inconfidência Mineira, movimento separatista que ocorreu em Minas Gerais no fim do século XVIII, contra a Coroa Portuguesa, que resolveu cobrar impostos mais altos para financiar a reconstrução de Lisboa, destruída por um terremoto em 1755. A capitania de Minas Gerais, a mais rica do Brasil, passou a destinar 20% de toda a extração de ouro para os cofres portugueses.

Inconformada, a elite mineira se uniu para se libertar de Portugal e criar uma república independente. Mas o movimento foi reprimido pelas autoridades portuguesas. Tiradentes acabou preso, julgado e condenado à morte por enforcamento em 21 de abril de 1792. Tornou-se mártir da República e símbolo de luta por liberdade.

Dando um salto no tempo, a vinícola Casa Geraldo, localizada em Andradas, no sul de Minas Gerais, criou o primeiro corte bordalês clássico de vinhos de inverno, e o batizou de Liberdade, em homenagem a Tiradentes. O vinho é composto por 45% Merlot, 35% Cabernet Franc e 20% Cabernet Sauvignon. Esse rótulo nasceu, segundo Sérgio Bruxo, profundo conhecedor do vinho brasileiro, do encontro despretensioso entre ele e um dos três irmãos proprietários da vinícola. Durante a conversa, discutiram sobre possíveis *blends* e, anos depois, era lançada a safra 2019 de Liberdade.

O vinho já recebeu diversos prêmios, incluindo a medalha de prata da Decanter e o Grand Gold do Wines of Brazil Awards. O design do rótulo, que contorna quase a garrafa inteira, traz Tiradentes e outros personagens da Inconfidência Mineira em meio a pássaros, representando a liberdade. Uma grade de ferro e um grilhão fazem o contraponto para simbolizar a prisão. Ao fundo, a reprodução do documento manuscrito que sentenciou Tiradentes à forca. Mais do que um vinho elegante, Liberdade conta um período importante da história do Brasil.

A vinícola, com quase 50 anos de história, introduziu o enoturismo na região no início dos anos 2000 e foi uma das pioneiras a adotar a tecnologia brasileira de colheita de inverno. Essa técnica, desenvolvida por Murilo de Albuquerque Regina, quando atuava na Empresa de Pesquisa Agropecuária de Minas Gerais (Epamig), inverte o ciclo de colheita das uvas para o período de inverno, caracterizado por menores índices de chuva.

THE REAL ITALIAN TOUCH
LUPO MERAVIGLIA
RED WINE
TECNICA DEL SALASSO
PRODUCT OF ITALY
TRE DI TRE

Lupo Meraviglia Tre di Tre

Brasão que representa a nobreza desta joia italiana

Os brasões são uma das formas mais conhecidas de representar uma identidade coletiva, seja familiar ou territorial. A heráldica é a ciência que estuda, descreve, classifica e interpreta as origens, evoluções e significados dessas insígnias, cuja origem remonta ao século XII na Europa, quando os cavaleiros medievais registravam sua coragem e distinção por meio de brasões. Com o tempo, tais símbolos adquiriram novas representações, passando a ser usados por famílias nobres, clãs, cidades e regiões.

A partir de um design ornamentado com o brasão da cidade italiana de Fossalta di Piave, cidade próxima a Veneza, a Casa Vinícola Botter elaborou um rótulo para homenagear tanto os produtores quanto o *terroir* das uvas. Inaugurada em 1928 por Carlos Botter e sua mulher, Maria, a vinícola se apresenta como uma produtora de vinhos com uvas nativas cultivadas em multiterritórios italianos, nas regiões de Vêneto, Sicília e Puglia.

Ao contemplar o rótulo do vinho Lupo Meraviglia Tre di Tre, é possível identificar as uvas que compõem o corte do vinho: Negroamaro, Aglianico e Primitivo, cultivadas em Salento, península no sul da Itália que forma o "salto da bota", onde a principal cidade é Lecce, conhecida por sua arquitetura barroca singular.

O design do rótulo, baseado no modelo medieval dos brasões, é em estilo rococó, com contornos dourados, simétricos e curvas elegantes. Os arabescos florais são inspirados na arte clássica italiana, que se manifestam nos traços repetitivos e entrelaçados. No centro, destaca-se um lobo dourado, símbolo reinterpretado da imagem original da cidade, um lobo negro sob um carvalho-verde.

O nome do vinho, Lupo Meraviglia, reforça essa ligação: significa "lobo maravilha", enquanto a expressão "tre di tre" faz menção às três uvas nativas do vinho e às três gerações da vinícola. Já o termo "tecnica del salasso" se refere a um processo antigo de vinificação, que traz mais cor e tanicidade ao vinho. Todas essas informações estão reunidas em um rótulo-brasão, que conta a história desse belíssimo tinto italiano.

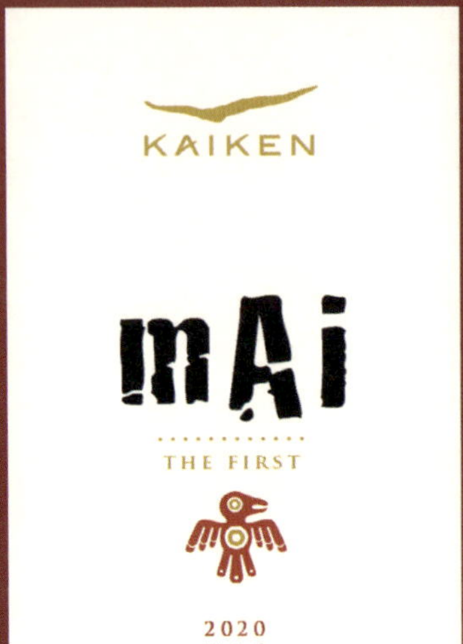
KAIKEN
mAi
THE FIRST
2020
MALBEC
MENDOZA
ARGENTINA
A. Montes

mAi

Malbec argentino com inspiração chilena

No mundo contemporâneo e globalizado, em constante mudança, a capacidade de se adaptar se tornou uma habilidade essencial para a sobrevivência e o sucesso. Isso vale para todas as áreas. Na psicologia, adaptação envolve ajustes emocionais e comportamentais para lidar com novas situações e promover o bem-estar pessoal. Na sociologia, adaptação é a forma como indivíduos e grupos alteram suas normas e valores para se integrar em diferentes contextos sociais. Na ecologia, é como organismos ajustam suas características para sobreviver em diversos ambientes.

Na natureza, aliás, chama a atenção a adaptação das aves migratórias para se ajustar a novos habitats. Entre elas, está o caiquén, conhecido também como esplendor austral ou pelo nome científico *chloephaga picta*. É uma espécie de ganso, que vive na Patagônia Austral. Sempre voando em bandos, eles são famosos por suas longas migrações sazonais e pela impressionante capacidade de se adaptarem a diferentes altitudes e climas, o que lhes permite atravessar a imponente Cordilheira dos Andes. Uma curiosidade é que os caiquenes são monogâmicos durante toda a vida e tem um papel importante nos ecossistemas locais, por espalharem sementes ao longo de seus extensos voos.

Assim como os caiquenes, a vinícola Kaiken tem uma enorme capacidade de adaptação e integração entre diferentes culturas. Trata-se de um projeto arrojado no cenário da diversidade cultural e da produção de vinhos na América do Sul, integrando a técnica de vinificação do Chile com as características da Argentina.

Em 2001, Aurélio Montes, proprietário da vinícola chilena Montes no Chile, ficou encantado com Mendoza, tanto pelos *terroirs* quanto pelo povo. E decidiu abrir a vinícola Kaiken Wines, nome derivado da palavra mapuche "kaikén", que se refere justamente ao ganso andino.

Entre 2011 e 2016, seu filho Aurélio Montes Júnior assumiu a liderança da vinícola, que já nasceu com o objetivo de produzir rótulos de alta qualidade. Júnior, que teve seu primeiro contato com vinho ainda bebê, quando seu pai fez um berço dentro de uma barrica, formou-se na área de vinicultura e, tal como o caiquén, migrava pelo mundo durante as férias para trabalhar em colheitas e produções de vinhos em países, como Estados Unidos, França e Austrália.

O mAi (assim mesmo, com o "A" em maiúsculo), que significa "primeiro" na língua do povo pehuenche, homenageia o primeiro vinho da Kaiken, produzido a partir de vinhas velhas da uva Malbec, plantadas ainda em 1920. Uma pérola que reflete a adaptação e a integração das técnicas dos dois países, além de juntar a tradição do pai e a inovação do filho. O rótulo traz o nome mAi em letras irregulares, num estilo étnico, e, claro, a figura do caiquén.

Ménage à Trois

Take a walk on the wild side and explore
the pleasures of our Ménage à Trois.
Surrender to the seduction of dark, rich berry
with a hint of pepper, a lush lingering
finish leaving you wishing for more...

2014

CALIFORNIA RED WINE

FOLIE À DEUX

ALC. 13.5% BY VOL.

Ménage à Trois

Um blend ousado, sedutor e repleto de mistérios

Você deve estar pensando que vai ler aqui um conto ousado, repleto de paixões ardentes, não é? Afinal, *ménage à trois* sugere exatamente isso: um encontro íntimo entre três pessoas.

Vamos às preliminares. A expressão francesa é formada por *ménage*, que significa moradia, e *trois*, três em português. Surgida no século XVIII, ela originalmente descrevia relacionamentos amorosos entre três pessoas que viviam sob o mesmo teto. Atualmente, porém, o termo é mais associado a experiências sexuais e consensuais entre três pessoas. Mas será que essa história seguirá o caminho que você está esperando?

O nome e a imagem do rótulo deste vinho trazem tantas camadas de interpretações que nos deixam em dúvida sobre por onde começar. Parece que os proprietários da vinícola Trinchero Family, dois psiquiatras, nos colocaram em um jogo para decifrar enigmas. Vamos, então, tentar solucionar tantos mistérios.

Comecemos pelo nome Ménage à Trois, que talvez seja o enigma mais fácil de resolver, já que o vinho é um *red blend* de três uvas: Zinfandel, Merlot e Cabernet Sauvignon. Cada uma é fermentada separadamente e, em seguida, misturada antes do engarrafamento, para preservar suas características. A vinícola diz: "Não olhamos com desconfiança para quem está feliz com apenas uma variedade em seus vinhos. E nós nunca iríamos fazer comentários sarcásticos sobre aqueles que estão satisfeitos com duas variedades em sua mistura. Só sentimos que três é um encanto. Tanto que demos o nome Ménage à Trois a ele. Se você é ousadamente curioso, acreditamos firmemente que merece o direito de 'experimentar a três'".

Resolvido o significado do nome, vale considerar uma conexão com a Guerra de Troia. Há relatos de que Helena de Troia também pode ter sido inspiração para o termo *ménage à trois*. Helena era esposa do rei espartano Menelau, e a lenda conta que foi levada por Páris, príncipe troiano, desencadeando uma guerra épica. Ou seja, uma mulher desejada por dois homens, que resultou numa batalha entre gregos e troianos.

Podemos presumir que os produtores, ao escolherem este nome sugestivo, não apenas se inspiraram na mitologia, mas também estabeleceram uma tremenda ousadia ao introduzir uma terceira uva nos vinhos de corte na região onde fica a vinícola, em Santa Helena, na Califórnia. Até a criação do Ménage à Trois, em 1996, as vinícolas locais tinham por tradição misturar somente duas uvas.

Seguindo com os enigmas do rótulo, um desenho apresenta dançarinos gêmeos inspirados nos *inkblots* do Rorschach, uma interpretação livre do lendário teste psicológico desenvolvido por Hermann Rorschach, que, por meio de imagens ambíguas, avalia como o indivíduo percebe e organiza o mundo ao seu redor. Segundo os fundadores da vinícola, usar dançarinos abstratos em movimento permite interpretações particulares e apresenta a "experiência de sabor emocionante e personalidade sedutora e brincalhona, que se mistura em cada gole sensual de Ménage à Trois".

Os vinhos da linha Ménage à Trois trazem frases espirituosas, como "Prometemos-lhe um caso de amor delicioso"; "Ansioso para expor nosso lado mais suave"; "Você gosta de fazer isso no escuro?"; "A moderação simplesmente não está em nosso vocabulário"; "Vamos fazer você se sentir uma verdadeira estrela".

Deixamos, então, um último enigma sobre essa coleção de vinhos sedutores: será que a partir das frases acima você saberia decifrar as uvas de cada garrafa? Independentemente de acertar ou não, o melhor mesmo é experimentar Ménage à Trois.

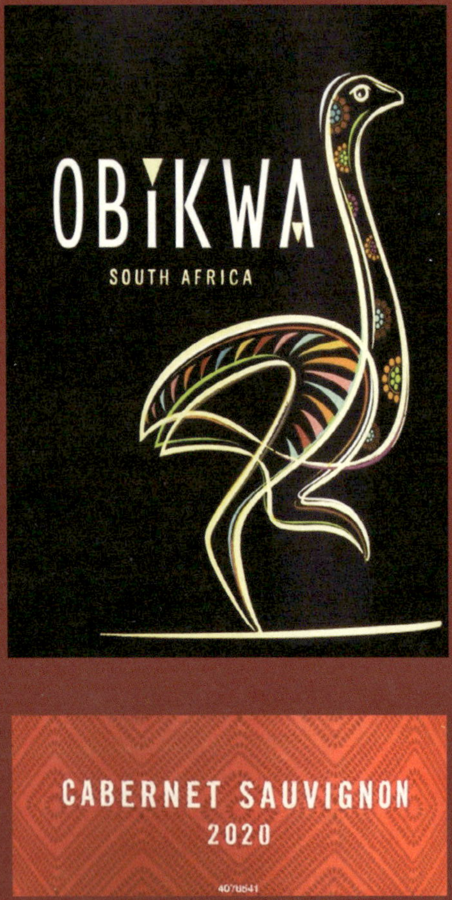
OBIKWA
SOUTH AFRICA
CABERNET SAUVIGNON
2020

Obikwa

A ancestralidade representada em um rótulo

Ao longo da vida, surgem momentos em que desejamos compreender e nos conectar com nossas raízes. Uma das formas para isso é a consulta à nossa árvore genealógica. Outra maneira é por meio da análise do espaço vivido por uma sociedade. O povoamento, a organização e a distribuição de grupos sociais em um ou mais territórios são elementos fundamentais da tradição e da herança cultural. Assim, a ancestralidade de um povo pode ser entendida como uma conjunção entre aspectos biológicos e culturais, sendo representados por sua linhagem, suas crenças, costumes e lugares que ocuparam no decorrer do tempo.

Para homenagear povos e animais que em tempos passados habitaram Stellenbosch, na África do Sul, a vinícola Obikwa criou uma linha de vinhos jovens, acessíveis e descomplicados. O design do rótulo busca trazer ao presente elementos que evocam as raízes culturais e naturais dessa região.

O desenho de um avestruz é um tributo ao povo Obikwa, uma das tribos mais antigas da região, que tinha a ave como companheira na luta pela sobrevivência. Remanescentes da tribo relatam que, após consumir os ovos da avestruz, seus ancestrais reaproveitavam as cascas como recipientes para armazenar água durante os períodos de seca, essencial para sobrevivência em um ambiente hostil. A ave amarela brilhante retratada no rótulo também virou marca da vinícola, que destaca: "Para os sul-africanos, este pássaro é uma grande força vital e símbolo de sorte".

A Obikwa faz parte do grupo Distell, um dos maiores produtores de vinhos da África do Sul. Sua produção começou em 2002, com foco na exportação, e hoje já alcança mais de 40 países. Apenas em 2009 passou a atender o mercado interno, oferecendo vinhos acessíveis. Além disso, a vinícola diz ter compromisso com práticas sustentáveis, utilizando garrafas ultraleves que reduzem emissões de dióxido de carbono, além de apostar em materiais biodegradáveis em suas embalagens e tampas de alumínio recicláveis.

BUENO®
PARALELO 31
GRAN RESERVA
2022
VINHO NOBRE TINTO SECO
BRASIL
750 ml
IP INDICAÇÃO DE PROCEDÊNCIA CAMPANHA GAÚCHA
14,5% vol

Paralelo 31

O vinho certo no lugar certo

Paralelos e meridianos são linhas imaginárias que cortam o globo terrestre, usadas para localizar pontos e estabelecer coordenadas geográficas. Enquanto os meridianos medem a longitude e estão associados aos fusos horários, os paralelos indicam a latitude, incluindo aspectos climatológicos.

Historicamente usadas para guiar a navegação, essas linhas imaginárias também apresentam uma relação importante com o ecossistema vínico. Muitos enólogos buscam encontrar um conjunto específico de fatores naturais (clima, solo, insolação, regime pluvial) para elevar a qualidade da matéria-prima em um *terroir*.

Segundo especialistas, as regiões situadas entre os paralelos 30° e 50° apresentam condições climáticas favoráveis ao ciclo de vida da videira. No Hemisfério Norte, destacam-se as faixas entre os paralelos 35° e 45°, enquanto no Hemisfério Sul, entre os paralelos 30° e 38°. Essas faixas latitudinais oferecem as condições ideais de temperatura, luz solar e precipitação necessárias para o cultivo de uvas de alta qualidade. A explicação está atrelada aos movimentos naturais do planeta, rotação e translação, que, em conjunto com a inclinação de seu próprio eixo, proporcionam uma incidência única de radiação solar e o surgimento de diferentes climas.

Por um capricho do destino, um pedacinho do território brasileiro compõe essa faixa especial. A Indicação Geográfica Campanha Gaúcha, que abrange 14 municípios, apresenta um microclima quente, elevada amplitude térmica (diferença de temperatura entre dia e noite), solo basáltico e arenoso com boa drenagem, além de ter o menor índice pluviométrico entre os territórios vínicos do Sul do Brasil. Essas características contribuem para a maturação perfeita das uvas, principalmente as dos vinhos tintos. Dentre as castas, destacam-se Cabernet Sauvignon, Merlot e Tannat.

Em homenagem à magia das linhas imaginárias, a Bueno Wines – que tem entre seus sócios o narrador Galvão Bueno – lançou em 2010 o vinho Paralelo 31 Reserva, com características de corte bordalês: tem na sua composição as uvas Merlot, Cabernet Sauvignon e Petit Verdot. O toque especial foi a contribuição do enólogo internacional Michel Rolland no processo de fabricação do vinho, com passagem por barricas francesa e americana por 24 meses. O resultado é um vinho reconhecido internacionalmente, que já recebeu diversas premiações.

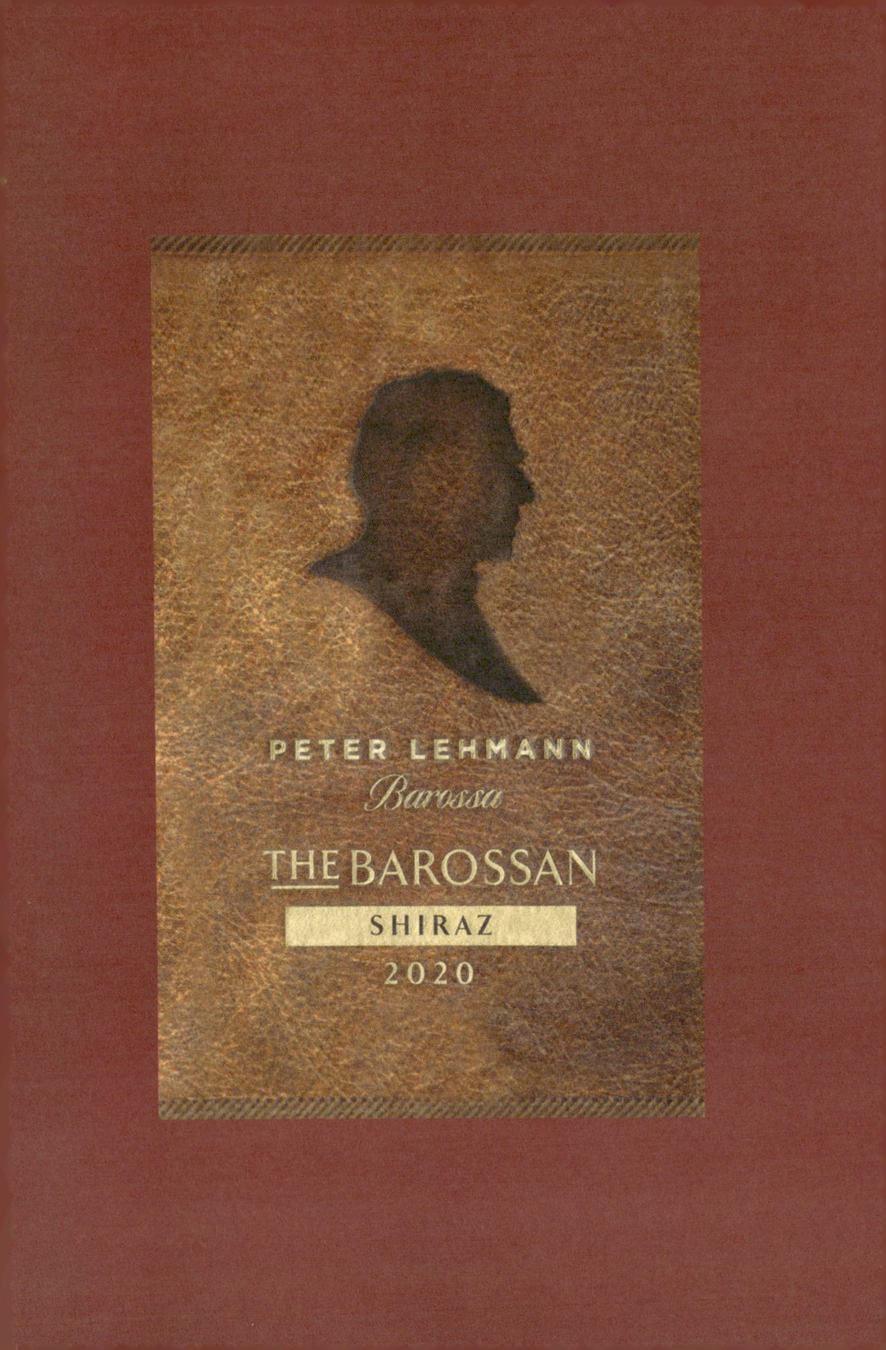
PETER LEHMANN
Barossa
THE BAROSSAN
SHIRAZ
2020

Peter Lehmann

Tributo a uma lenda do vinho na Austrália

O rótulo Peter Lehmann é uma homenagem a uma das maiores personalidades da história do vinho australiano. Nascido em 18 de agosto de 1930, em Barossa Valley, Lehmann começou sua trajetória com apenas 17 anos, como estagiário de enólogo na vinícola Yalumba, uma das mais antigas da Austrália. Sua paixão e comprometimento o levaram a desafios maiores e, em 1960, ele participou de um novo projeto, agora como enólogo gerente da Saltram Wines, empresa britânica do agronegócio e finanças. Foi a partir daí que Lehmann se tornou uma lenda.

Nos anos 1970, a Austrália enfrentava uma severa crise na indústria do vinho. Para minimizar o impacto, os gigantes britânicos detentores das principais marcas instaladas na Austrália, especialmente em Barossa, orientaram as vinícolas da região a diminuírem a compra de uvas dos pequenos produtores locais, por causa do custo alto da matéria-prima. A decisão, porém, ameaçava não apenas a economia das vinícolas, mas colocava em situação de vulnerabilidade diversas famílias que dependiam da viticultura.

A vinícola Saltram Wines fazia parte dessa estratégia predadora. Entretanto, Lehmann foi na contramão e avisou às famílias de agricultores que não aceitaria a proposta da matriz. Em paralelo, ele conseguiu com seus chefes autorização para abrir uma nova vinícola, agora de gestão local, com o objetivo exclusivo de comprar e processar as uvas pelas quais a Saltram Wines não se interessasse.

Assim, em 1979, após meses de negociações, Lehmann abriu a Masterson Barossa Vineyards, que, mais tarde, passaria a se chamar Peter Lehmann Wines. Para a comunidade local, essa atitude foi fundamental: manteve o ecossistema socioeconômico e fortaleceu a reputação de Barossa Valley como uma região que valorizava as tradições vínicas.

Ao longo de sua vida, ele recebeu diversas homenagens. Foi também condecorado com a Ordem da Austrália, entregue pelo governo do país, e se tornou membro fundador da principal confraria de Barossa Valley, a Barões de Barossa. Lehmann morreu em 2013, mas seu legado segue influenciando profissionais e todos os apaixonados por vinho na região.

O Shiraz que leva o nome de Peter Lehmann – sua vinícola atualmente faz parte do grupo Casella Family Brands – expressa a essência de uma história ousada e corajosa. O rótulo, com o perfil de Lehmann, em silhueta, traz uma textura que remete ao couro, tão original e elegante quanto foi a trajetória dessa lenda do vinho australiano.

Plenitude
GARBO
750ml
14% VOL

Plenitude

Conexões entre solo, clima e culturas diferentes

Não é fácil definir o que é plenitude, mas a gente sabe bem quando se vive. Aristóteles a associava à prática da virtude. Santo Agostinho via nela o retorno à interioridade e a Deus. Na psicologia, Maslow falou em autorrealização. Carl Rogers definiu como a congruência entre o que se sente e o que se expressa. A filósofa nigeriana Sophie Olúwolé acrescenta uma perspectiva essencial ao propor a harmonia entre opostos como base para o equilíbrio. Em comum, todas essas abordagens reconhecem que plenitude não depende da uniformidade, mas da conexão com o diverso.

Essa ideia se concretiza ao analisarmos o tinto Plenitude, da Garbo Enologia Criativa. O vinho é elaborado com quatro castas: Cabernet Sauvignon, Merlot, Tannat e Touriga Nacional, cultivadas em diferentes regiões do Rio Grande do Sul, entre Encruzilhada do Sul, Pinheiro Machado e Guaporé. As uvas passam por estágio em barricas de carvalho francês, sendo que a Tannat e a Cabernet Sauvignon também passam parcialmente em carvalho americano.

No rótulo, cinco pedras empilhadas sustentam uma casa e uma árvore no topo. A imagem sugere mais do que equilíbrio. Remete à construção de um caminho feito por escolhas e pela relação entre diferentes origens. As pedras representam peso, diferença e adaptação. Nenhuma se sustenta sozinha.

No Plenitude, cada variedade de uva cumpre um papel. Ao compor um vinho a partir de múltiplos *terroirs* e castas, a Garbo constrói conexões entre solo, clima e culturas distintas, criando uma identidade própria para o vinho. Como as pedras empilhadas no rótulo, ele é resultado da convivência entre diferenças. O caminho da plenitude, nesse caso, é feito pela escolha dos territórios, pela adaptação ao tempo de cada parcela e pela decisão de unir sem apagar a singularidade de cada origem.

A Garbo Enologia Criativa surgiu em 2015 a partir do encontro de três enólogos que desejavam elaborar vinhos que refletissem liberdade criativa e autenticidade. Desde o início, a proposta foi trabalhar com uvas selecionadas de diferentes *terroirs* do Rio Grande do Sul e de outros estados, a partir de parcerias com viticultores. Os vinhos são elaborados em estruturas terceirizadas, com controle sobre cada etapa do processo, desde o planejamento técnico até a definição do estilo de cada rótulo.

A marca combina referências clássicas com experimentações autorais, incluindo o uso de castas menos conhecidas na criação de *blends* fora do convencional. Em 2020, a Garbo abriu sua loja e *wine bar* em Bento Gonçalves, como forma de manter contato direto com o público. Mais recentemente, iniciou a implantação de vinhedos próprios em Pinto Bandeira, onde também será instalado o espaço da vinícola.

GRANIER ORTIZ
2018
2019
2020
TARIJA · BOLIVIA
PRINCIPIA

Principia

Tannat com certidão de nascimento e inspiração num gênio

Os registros científicos podem ser entendidos como ações organizadas, verificadas e sistematizadas, com o intuito de preservar e ampliar o nosso entendimento em relação aos elementos que nos cercam. Nesse contexto, o livro é também uma forma de propagar conhecimento científico. Algumas obras, reconhecidas internacionalmente, elevaram a nossa capacidade de compreensão da ciência, como a coletânea "Coleção hipocrática"; "A origem das espécies", de Charles Darwin; "A interpretação dos sonhos", de Sigmund Freud; "O espírito das leis", de Montesquieu; e "Microfísica do poder", de Michel Foucault.

Um outro livro de referência universal e relevância atemporal influenciou a astronomia, a filosofia, a matemática e a engenharia. Publicado em 1687 por Isaac Newton, "Princípios matemáticos da filosofia natural", mais conhecido como "Principia", é considerado um marco da física clássica. Em três volumes, é um dos mais importantes documentos impressos da história das ciências naturais. Nele, o autor formulou os princípios que regem a gravidade e os movimentos dos corpos celestes.

Além de servir como alicerce para o desenvolvimento da física moderna, o livro de Newton inspirou um rótulo de um país fora do eixo da produção de vinhos sul-americanos, a Bolívia. A vinícola Granier Ortiz, localizada a 1850 metros acima do nível do mar, na cidade de Santa Ana, no Vale Central de Tarija, se propôs a elaborar um tinto premium, que garantiu não só reconhecimento internacional, como também mostrou conhecimento científico e precisão nos processos.

O designer do rótulo remete a instrumentos como os astrolábios e os relógios astronômicos medievais. O intuito é representar o tempo como um ciclo de produção. O fundo preto oferece a lembrança de uma noite estrelada, e os ponteiros dourados marcam o dia, o mês e o ano de criação do Principia: 15 de março de 2019. Elaborado com a uva Tannat, de um *terroir* com clima frio e elevada amplitude térmica, esse vinho obteve 97 pontos no "Guia Descorchados 2025".

Em uma perspectiva poética, o Principia está conectado a uma conspiração do universo, ao unir conhecimento, tempo, natureza e as leis formuladas por um dos maiores cientistas da história.

Pato
Rebel

Rebel

Criatividade e provocação de um enólogo rebelde

A sociologia enxerga o não cumprimento de normas ou práticas estabelecidas como um gesto de rebeldia. Já para a neurociência, esse mesmo comportamento pode estar associado a um impulso da mente humana em busca de inovação e novos conhecimentos. Cabem diferentes interpretações para a rebeldia.

Ao longo da história, personagens notáveis expressaram, com coragem e autenticidade, seus posicionamentos diante de regras e normas. Em muitos casos, essas manifestações representaram mais do que oposição, mas também a construção de novos caminhos. Bob Dylan protestou contra guerras e injustiças sociais por meio de sua música. Martin Luther King Jr. desafiou as leis segregacionistas nos Estados Unidos. Nelson Mandela enfrentou um governo opressor durante o regime do apartheid. Salvador Dalí promoveu o pensamento surrealista ao libertar a arte da lógica e da razão. Serena Williams rompeu padrões do tênis feminino dentro e fora das quadras, questionando regras e ampliando espaços de representatividade. Só para citar alguns.

No universo do vinho, também há figuras que surpreendem ao desafiar padrões estabelecidos. Uma delas é o português Luis Pato, que ganhou notoriedade por romper com tradições locais na Bairrada, especialmente na forma de trabalhar a casta Baga. Engenheiro químico, ele valorizou as características da região. Situada entre o Oceano Atlântico e as serras do Caramulo e do Buçaco, a Bairrada apresenta solos argilosos e amplitude térmica, condições ideais para o cultivo da Baga.

A fama de "enólogo rebelde" atribuída a Pato está associada à sua criatividade na produção de vinhos. Entre suas inovações, destacam-se o uso de barricas de castanheira, uma árvore típica da Bairrada, em substituição ao carvalho francês; a produção de vinhos de sobremesa com colheita antecipada; e a elaboração de tintos a partir de uvas brancas. São apostas que reforçam seu pioneirismo na vitivinicultura portuguesa.

Um exemplo notável é Rebel, vinho que traduz bem sua ousadia. Produzido com a casta Baga, tradicionalmente associada a vinhos encorpados e de longa guarda, o Rebel propõe uma abordagem distinta: é um tinto jovem, vibrante, pensado para ser consumido no verão. Sem passagem por madeira, ele valoriza a fruta, a acidez e a tanicidade sedosa da Baga, subvertendo a expectativa que marca o perfil clássico da casta.

Durante o Encontro Mistral 2023, em comemoração aos 50 anos da importadora, realizado no Copacabana Palace, no Rio de Janeiro, tivemos a oportunidade de conhecer Luis Pato e lhe perguntamos sobre o significado do rótulo do Rebel. Ele explicou: "A história do Rebel está diretamente ligada à Baga, uma uva que antigamente precisava de pelo menos dez anos para se poder beber. Já esta Baga dá para beber no verão, é uma Baga de verão. Por isso, é rebelde, vai contra a tradição".

Ao comentar sobre o visual provocador do rótulo, que traz sua própria imagem fazendo careta e mostrando a língua, ele completou, divertindo-se: "Somos três rebeldes: Albert Einstein, que deu a inspiração, Mick Jagger, que também colocou a língua para fora, e eu". Na ocasião, Luis Pato vestia uma camisa com os dizeres "*Not a french copy*" (não é uma cópia francesa), sua frase emblemática cujo alvo são os críticos que comparam a casta Baga com a francesa Pinot Noir. Mas uma frase que demonstra, acima de tudo, sua postura autêntica e irreverente.

VINÍCOLA
INCONFIDÊNCIA
RUBRO
VINHO FINO TINTO SECO
2021
13,9% VOL.
750ML

Rubro

Surpresa que vem da serra do Rio de Janeiro

Na linguagem do dia a dia, existe uma expressão que carrega uma força simbólica de intimidade e partilha: "é da casa". A simplicidade aparente esconde uma construção profunda de pertencimento, reconhecimento e afeto. Ser da casa não é apenas estar presente, mas fazer parte de um espaço, de uma rotina, de uma história. É ser recebido com naturalidade, dispensar cerimônias, atravessar a fronteira entre o formal e o familiar. Quem é da casa entra sem bater, participa dos bastidores, conhece os silêncios e é incluído nos assuntos que não se contam a qualquer um.

Na antropologia, a casa é entendida não só como moradia. Ela é uma estrutura de valor, um espaço simbólico onde se constroem e se preservam identidades. Claude Lévi-Strauss, um dos maiores nomes da antropologia no século XX, ao estudar as chamadas sociedades de casa, mostrou como esse espaço não abriga apenas pessoas e bens materiais, mas também linhagens, afetos, sentidos e heranças imateriais.

No Brasil, o antropólogo Roberto DaMatta, referência nos estudos sobre a cultura nacional, amplia essa reflexão em sua obra "A casa e a rua". Para ele, a casa é o território da intimidade e do afeto, contraponto à rua, onde imperam a impessoalidade, os papéis sociais e as hierarquias. Dentro da casa, somos reconhecidos não por títulos, mas por vínculos.

Essa ideia de pertencimento, tão enraizada no que significa ser da casa, também encontra ecos na cultura do vinho. Em muitos restaurantes da Europa, sobretudo na França, é comum ouvir garçons chamando pelo *"vin de la Maison"* ("o vinho da casa"). Não é o mais caro da carta, nem o mais raro. É, justamente, o mais confiável. Aquele que representa a essência do lugar, escolhido com critério para harmonizar com maior variação de pratos e servido com constância. Um vinho que dispensa rótulo porque carrega a legitimidade de quem está ali desde sempre. Ele não se impõe, se dispõe!

É com esse pano de fundo que nasce o Rubro, rótulo da vinícola Inconfidência, que foi justamente inspirado nas lembranças do casal de proprietários, José Cláudio e Ângela Aranha, em suas idas aos restaurantes franceses, onde garçons pediam repetidamente o *vin rouge*. O Rubro carrega a intenção de ser um vinho para estar à mesa, o "é de casa" à brasileira. Ele é o resultado de um corte de quatro uvas: Syrah, Cabernet Franc, Cabernet Sauvignon e Merlot.

O curioso é que, ao vermos o rótulo, logo imaginamos: seria uma homenagem ao Flamengo? O nome, tão sonoro quanto a torcida rubro-negra, parecia sugerir uma conexão com o time de maior torcida do Brasil. Mas, por via das dúvidas, enviamos uma mensagem a José Cláudio. Foi então que a história tomou outro rumo. Em um áudio descontraído, ele nos respondeu com bom humor que o nome surgiu porque a cor do vinho se mostrou um vermelho muito intenso. Como não queria usar o termo francês *rouge*, veio a ideia de batizar o rótulo de Rubro

Conhecemos o casal Aranha durante um evento, no qual mediamos um painel sobre culturas do vinho e tecnologias. Durante a conversa, pedimos que nos contassem a história dos rótulos da vinícola. Foi ali que descobrimos que muitos dos vinhos da Inconfidência levam os nomes dos netos da família: Luísa, Matheus, Rafael, João Paulo e Gustavo. Cada rótulo é uma homenagem e cada garrafa, um afeto engarrafado.

A história da vinícola começou com uma forte tempestade de granizo que destruiu a plantação de café da família Aranha, no distrito de Inconfidência, em Paraíba do Sul, na Região Serrana do Rio de Janeiro. Naquele momento, José Cláudio, recém-aposentado, chegou a recusar um convite de amigos para participar da abertura de uma vinícola em Mendoza, na Argentina. Preferiu ficar perto de casa. Diante da perda, vislumbrou a chance de começar algo novo em solo fluminense. A ideia de produzir vinhos no estado ainda era vista com desconfiança, inclusive por instituições técnicas. Mesmo assim, ele insistiu.

Com o apoio do agrônomo Murillo de Albuquerque Regina, da Empresa de Pesquisa Agropecuária de Minas Gerais (Epamig), responsável pelo desenvolvimento da técnica da dupla poda, e da enóloga Isabela Peregrino, também vinculada à instituição, o projeto ganhou forma. O plantio das primeiras videiras, em 2010, marcou o início de uma trajetória que, anos depois, consolidou a Inconfidência como a primeira vinícola integrada do estado, que conduz na propriedade todas as etapas da produção, do cultivo das uvas à vinificação.

O que começou como uma aposta solitária contribuiu para o surgimento de uma nova fronteira produtiva no Brasil. Hoje, o estado do Rio de Janeiro já conta com dezenas de produtores de uvas e diversas vinícolas em operação ou em fase de implantação. José Cláudio, que acreditou desde o início no potencial da região, preside atualmente a Associação dos Vitivinicultores da Serra Fluminense (Viniserra). A vinícola Inconfidência, que nasceu de um recomeço, se transformou em referência, e o Rubro, um belo exemplo de vinho da casa.

CABERNET SAUVIGNON 2021

SIETE *Perros*

750 mL | Valle del Maipo · Chile | 12.5% Vol.

Siete Perros

Cães e vinhos, os melhores amigos do homem

Este conto narra a história de uma vinícola chilena que celebra a conexão especial entre o cão, o homem e o vinho. Estudos indicam que a amizade entre o ser humano e cachorros começou há cerca de 30 mil anos, ainda com lobos cinzentos que se aproximavam das fogueiras das tribos primitivas, atraídos pela luz e o calor.

A interação evoluiu para uma parceria de trabalho, até se tornar uma genuína amizade, graças à docilidade e à capacidade de aprendizado dos cães, que se destacaram entre os animais domesticados por privilégios únicos, como a liberdade de circular nas propriedades e ganhar nomes – além de não serem utilizados como alimento.

Estudos recentes mostram que a interação do ser humano com cães oferece muitos benefícios para nós, desde melhorias na saúde física e mental até o fortalecimento nas relações sociais. No Brasil, segundo o IBGE, quase metade das casas possui pelo menos um cachorro.

A vinícola Casa Libre, localizada no Vale do Maipo, próximo a Santiago, manifesta seu amor pelos cães com a linha de vinhos orgânicos Siete Perros ("sete cachorros", em espanhol), dedicada, curiosamente, a cinco mascotes do *terroir* – o que nos leva a imaginar que, em breve, dois novos rótulos completarão a coleção.

Vamos destacar aqui Humphrey, um buldogue francês cheio de bossa, com cachimbo na boca, que estampa o rótulo do Cabernet Sauvignon. Ele é apresentado pela vinícola como "pequeno em tamanho, mas gigante em personalidade. Assim como este vinho, ele faz você se sentir o centro das atenções. Não se deixe enganar por sua robustez: nosso Cabernet Sauvignon é agradável e fácil de beber".

A relação entre vinhos e cães na Casa Libre é uma celebração à autenticidade e à alegria de ambos. Além de Humphrey, a vinícola homenageia o dachshund Pierre (Chardonnay), o beagle Tornado (Moscatel de Alexandria), o chihuahua Hann (rosé de Garnacha) e o vira-lata Santiago (uva País, tinta, uma variedade típica do Chile). Cada um dos amigos peludos empresta a sua personalidade para a descrição do vinho.

A linha Siete Perros reúne vinhos jovens e originados de vinhedos únicos, com intervenção mínima e baixo uso de sulfitos. A fermentação é espontânea, usando leveduras indígenas, sem controle de temperatura em tanques de aço inoxidável.

A criatividade com os rótulos e o cuidado com a produção da Casa Libre passam por uma história curiosa contada por seu fundador, Fred Skwara. Durante o jantar em uma viagem internacional com a família, ele decidiu escolher um vinho não chileno. Alguém da mesa perguntou o motivo e, antes que Fred respondesse, o sommelier que os atendia surpreendeu todo mundo, afirmando que ele buscava um rótulo "menos sem graça" que os vinhos do Chile. Todos ficaram sem ação, quase chocados. Foi esse momento que inspirou Fred a mostrar ao mundo um Chile que não se conforma com padrões, mas que busca surpreender e emocionar por meio dos vinhos.

Sine Qua Non Piranha Waterdance

Exclusividade cobiçada no mundo inteiro

A expressão em latim *sine qua non* ("sem a qual não", em tradução livre) é muita usada em áreas como direito, filosofia e medicina. Serve para qualificar uma ação ou condição como essencial, imprescindível. Dois exemplos para explicar melhor: a produção da geleia real pelas abelhas é *sine qua non* para a sobrevivência da abelha rainha; o coração é um órgão *sine qua non* para a vida humana. A mesma expressão pode ser aplicada no mundo do vinho: o *terroir* é um elemento *sine qua non* para a qualidade do vinho; escolher o vinho adequado é *sine qua non* para uma experiência gastronômica perfeita.

A percepção de singularidade e de ser essencial serviu como estratégia para a criação de uma vinícola em Los Angeles, nos Estados Unidos. A história começa com um casal que desejava elaborar vinhos que rompessem com os padrões tradicionais. Assim, em 1994, Manfred Krankl e sua esposa, Elaine, abriram no Condado de Ventura a vinícola Sine Qua Non.

A ideia era fugir do modelo das famosas vinícolas californianas de Napa Valley e criar vinhos com características do Vale do Rhône, na França, como tintos encorpados e brancos aromáticos. Para isso, além da matéria-prima, o modelo de negócios apostava numa produção artesanal, de alta qualidade e limitada a poucas garrafas, para garantir uma certa exclusividade aos compradores. Assim, até hoje, cada lançamento é vendido diretamente para uma lista de clientes cadastrados. A espera para conseguir um exemplar pode levar mais de cinco anos.

Os rótulos da Sine Qua Non também não remetem à tradicionalidade. A cada safra produzida, um nome exclusivo é criado e adicionado ao da vinícola. O próprio Manfred Krankl se encarrega dos desenhos, em imagens abstratas, com o objetivo de buscar uma identidade única e um desejo emocional para os apreciadores de vinho.

O primeiro rótulo lançado foi o Sine Qua Non Rainha de Espadas, safra 1994. A produção se restringiu a apenas quatro barricas e meia da uva Syrah e, logo, chamou a atenção do mercado especializado. Em leilões, um exemplar pode alcançar valores altíssimos, como aconteceu com o Sine Qua Non Rainha de Copas 1995, vendido por US$ 50.500 em 2014.

O caráter exclusivo conquistou personalidades famosas, como o ex-diretor-geral da Rede Globo, José Bonifácio de Oliveira Sobrinho, o Boni. Em 2024, pelas suas redes sociais, ele montou uma dinâmica com 14 vinhos, que chamou de "Desafio dos vinhos (mata-mata)". O objetivo era, em cada rodada, escolher o que mais gostava entre dois rótulos de elevado padrão de qualidade. A garrafa que "perdesse" daria lugar a um novo concorrente.

O vencedor do *round* final foi o Sine Qua Non Piranha Waterdance, safra 2014. Esse vinho recebeu várias premiações, inclusive os cobiçados 100 pontos de Robert Parker, o mais respeitado crítico do mundo. Como diz Boni, "o vinho não foi feito para ser entendido e sim compreendido".

STUDIO
BY
MIRAVAL

Studio By Miraval

A alma da música com nota de vinho

Falar de música e vinho nos leva a um ponto comum: a harmonização. A raiz da palavra, *harmós*, remete a articulação ou encaixe, sugerindo uma conexão entre elementos distintos. Inicialmente empregada para descrever a ligação entre sons na música, a harmonia, com o passar do tempo, incorporou significados que vão além da melodia, como a união harmoniosa entre sabores, ideias e até emoções.

Mais recentemente, a harmonização entre vinho e música ganhou relevância nos estudos científicos, que demonstraram como os estímulos sonoros influenciam a percepção de características sensoriais do vinho. Tons altos foram associados a sabores ácidos, enquanto tons graves destacaram suavidade e taninos. As pesquisas sugerem que música e vinho, quando harmonizados, podem amplificar características da bebida de acordo com o estilo musical.

Em Provence, na França, a interseção entre música e vinho ganhou vida no Château Miraval, uma propriedade do século

XIII, quando monges iniciaram o cultivo de uvas na região. No século XIX, Joseph Lambot, inventor do concreto armado, construiu a primeira adega em cimento da propriedade. Até que no século XX, Jacques Loussier, pianista e compositor de jazz, adquiriu o Château, revitalizou a vinícola e criou, dentro dela, o estúdio Miraval, onde gravaram nomes como Elton John, Sting, Pink Floyd, The Cranberries e Queen.

Em 2008, encantados com a magia do Château Miraval. os atores Brad Pitt e Angelina Jolie alugaram a propriedade por três anos, antes de comprá-la por 28 milhões de dólares. Jolie ficou com 40% e Pitt, com 60%. Dizem que, na lua de mel do casal, ele a presenteou com mais 10%, de forma simbólica, para que os dois tivessem a mesma parcela da vinícola. O auge da administração Pitt-Jolie se deu em 2013, quando eles lançaram o Studio By Miraval rosé, que se tornou um fenômeno: esgotou em poucas horas e conquistou o mercado internacional.

Mas nem tudo seguiu em harmonia no Château Miraval. O casal se separou em 2016 e, cinco anos depois, Jolie vendeu sua participação na vinícola ao grupo Tenute del Mondo, desencadeando uma disputa judicial com Pitt. O ator alegou que a negociação violava um suposto acordo do casal de não vender a propriedade sem o consentimento do outro.

Superadas as batalhas legais, Brad Pitt, em parceria com o produtor francês Damien Quintard, reabriu em 2022 o Miraval Studios, restaurando a conexão entre música e vinho. Hoje, o Château Miraval segue como um símbolo de inovação e tradição, unindo duas artes que compartilham uma essência comum: a busca pela harmonia.

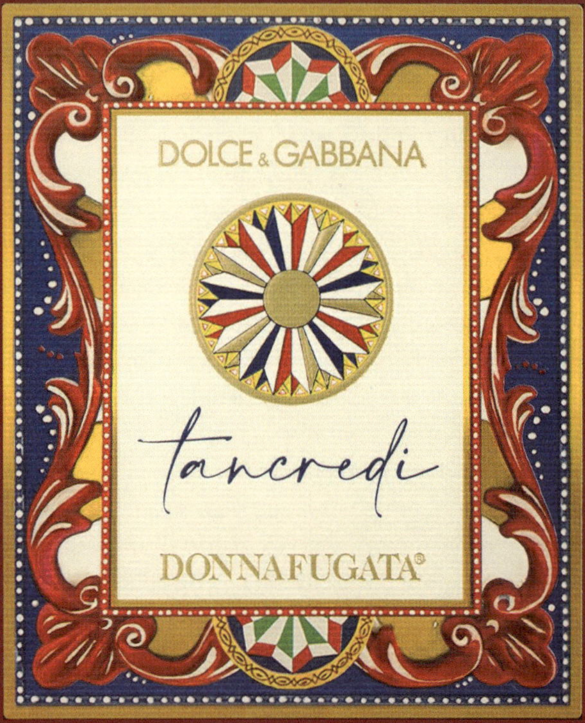
DOLCE & GABBANA
tancredi
DONNAFUGATA®

Tancredi Dolce & Gabbana

A Sicília traduzida num vinho que junta arte e moda

A Sicília, com sua história rica e complexa, marcada por conquistas, influências culturais e uma constante tensão entre tradição e mudança, foi dominada ao longo dos séculos por diferentes povos, entre eles os sicani, elimi e síCulos (povos indígenas), fenícios, gregos, cartagineses, romanos, vândalos, ostrogodos, bizantinos, árabes, normandos, angevinos, aragoneses, habsburgos, bourbons e pelos próprios italianos durante a unificação do país. A ilha se tornou um mosaico cultural, onde cada civilização deixou sua marca, contribuindo para diferentes áreas, da arquitetura à gastronomia, uma característica da Sicília nos dias atuais.

A região serviu como pano de fundo e inspiração para o romance *Il Gattopardo*, de Giuseppe Tomasi di Lampedusa (que mais tarde virou filme), para a produção da vinícola Donnafugata e para a moda da grife Dolce & Gabbana. Os três exemplos mostram a tensão constante entre o antigo e o novo. Compartilham uma profundidade estética e narrativa, em que o passado é respeitado, mas em permanente diálogo com o presente. Podemos dizer que *Il Gattopardo*, Donnafugata e Dolce & Gabbana são expressões da alma siciliana que honra suas raízes e sua identidade, ao mesmo tempo que valorizam a inovação.

Il Gattopardo reflete o período de transição na Sicília durante a unificação da Itália no século XIX, mostrando a decadência da aristocracia e o surgimento de uma nova ordem social. Tancredi é o personagem que entende essa transição e busca se adaptar. E é justamente o nome Tancredi que batiza o vinho da Donnafugata, que mistura uvas tradicionais, como o Nero d'Avola, com variedades de outro país, como Cabernet Sauvignon, resultando num *blend* pouco comum na época de sua criação, 1990. Na nova versão do Tancredi, a uva Tannat entrou no corte para trazer maior complexidade e corpo ao vinho.

Já a marca de moda Dolce & Gabbana, reconhecida por integrar o tradicional com o contemporâneo e por incorporar elementos sicilianos em suas criações, cuidou da "roupa" do Tancredi. A grife foi a responsável pelo design do rótulo, uma representação visual das dualidades históricas da Sicília. Enquanto o ouro, o azul e as linhas sinuosas de inspiração barroca celebram as glórias de uma aristocracia em declínio, o vermelho, o verde e as figuras geométricas simbolizam os novos valores revolucionários que emergiram na Sicília após a unificação da Itália.

Essa combinação única, do romance *Il Gattopardo* com a marca Dolce & Gabbana, só poderia vir da Donnafugata, com suas raízes na cultura siciliana. A dedicação da vinícola à arte e à cultura se reflete nos festejos de 10 de agosto, quando ocorre o Calici di Stelle. Nesse evento, as adegas são abertas, e os vinhedos, iluminados para uma celebração que junta vinho e arte.

Os demais rótulos dos vinhos da Donnafugata também são verdadeiras obras de arte, resultado de uma parceria entre o artista Stefano Vitale e Gabriella Rallo, cofundadora da vinícola e pioneira na produção de vinhos na Sicília. Gabriella, a primeira mulher da ilha a atuar na vinificação, faz questão de imprimir a identidade feminina nos rótulos, que refletem também a história da região.

Thalvin
Alain Graillot
tandem
AoG ZENATA
Alc.13,5% by vol.
Syrah du Maroc 2021
750 ml
vinifié, élevé et mis en bouteille au Domaine des Ouled Thaleb

Tandem

Um passeio de bicicleta por vinhedos marroquinos

A bicicleta é um dos meios de transporte mais utilizados no mundo. Sua versatilidade e singularidade estão diretamente ligadas ao design e ao propósito para os quais foi projetada. Tal diversidade se reflete nos diferentes tipos de quadros, garfos, colunas de direção, rodas, selins, guidões e outros componentes que caracterizam esse veículo de duas rodas, sustentável e não poluente.

Desde a sua invenção, em 1817, a bicicleta tem recebido apelidos, como *bike* (países de língua inglesa), *bici* (Itália e diversos países que falam o castelhano), *vélo* (França), *fiets* (Holanda), *chapa* (Cuba), *cleta* (Chile) e *räder* (Alemanha).

Além de sua importância como meio de transporte, a bicicleta carrega simbolismos profundos: representa a transformação da energia humana em cinética (movimento) e foi um marco de independência e emancipação, inclusive das mulheres, entre o fim do século XIX e o início do século XX. Quando contemplada pela ótica da sustentabilidade, inclusão social, promoção econômica e incentivo ao turismo, ela se torna um elemento transformador.

Um exemplo que reflete a perspectiva de prosperidade e diversão é o rótulo Tandem (como são chamadas as bicicletas para duas pessoas), da vinícola Domaine des Ouled Thaleb. Localizada na região de Benslimane, no Marrocos, no norte do continente africano, essa vinícola combina tradição e inovação, levando para o vinho a harmonia entre mobilidade e convivência.

O proprietário da vinícola, Jacques Poulain, enólogo francês e especialista em vinhos de Bordeaux, compartilha uma lenda ligada ao desenho do rótulo e à opulência e ao bem-estar proporcionados pelas paisagens da região. Benslimane inclui áreas verdes repletas de arbustos, palmeiras e coqueiros, um lugar reconhecido como uma atração turística, especialmente por suas trilhas, ideais para o ciclismo.

Outro aspecto marcante da região é a presença de vinícolas, justificada pelas condições naturais favoráveis. O solo aluvial-calcário e a elevada amplitude térmica, com dias quentes e noites frescas, formam o ambiente ideal para o amadurecimento das uvas. Esse equilíbrio contribui para a produção de vinhos finos, com destaque para a casta Syrah.

Um fato inusitado marcou o início da produção do vinho Tandem. Nos primeiros anos deste século, o renomado enólogo francês Alain Graillot, um dos grandes especialistas do Vale do Rhône, passeava de bicicleta por uma das trilhas da região quando se deparou com a vinícola de Jacques Poulain. Encantado pelo *terroir* local, Graillot quis conhecer o proprietário e o vinhedo. Após a visita, retornou ao Rhône decidido a criar, em parceria com Poulain, um vinho marroquino de alta qualidade destinado à exportação.

O rótulo Tandem simboliza mais do que uma colaboração entre dois grandes enólogos franceses. Traduz a harmonia e o espírito de aventura de Jacques Poulain e Alain Graillot, que, pedalando em uma bicicleta de dois lugares pelas trilhas próximas à vinícola, em meio a uma paisagem exuberante, transformam suas experiências em um vinho único.

PLIC
PLIC
PLIC...

Terra de Falanis

Rótulos que remetem a histórias em quadrinhos

A Ilha de Maiorca, localizada no Mediterrâneo Europeu, é famosa por sua atmosfera de alegria, frescor, liberdade e diversão. Reconhecida pela produção de vinhos leves e delicados, o lugar protagonizou uma transformação notável em 1994, quando os enólogos Miguel Angel Cerdà e Pere Obrado fundaram a vinícola Ànima Negra, iniciativa que revolucionou a produção de vinhos na região, elevando o patamar dos vinhos de Maiorca.

Inquietos, Cerdà e Obrado deram mais um passo importante ao lançarem a Terra de Falanis, uma vinícola à parte. Com base no aprendizado adquirido ao longo dos anos com a Ànima Negra, a Terra de Falanis se destaca pela independência comercial e conceitual. As vinhas, com idade variando entre 50 e 90 anos, refletem as características únicas de cada local da ilha, expressando nos vinhos as nuances das condições climáticas da região.

Além de produzir vinhos jovens e de bom preço, a vinícola se destaca pelos rótulos lúdicos das garrafas, com imagens descontraídas. Os designs são assinados por Pere Joan Riera, renomado ilustrador nascido em Maiorca e amigo dos dois enólogos. Os desenhos, bem-humorados, brincam com onomatopeias que batizam os vinhos, quase como se fossem histórias em quadrinhos.

Assim nasceram o "beijo" Muac, *blend* de Callet, Manto Negro e Cabernet Sauvignon; a "conversa" Bla Bla Bla, branco produzido com as castas Premsal, Callet e Muscat; e o "pingos de chuva" Plic Plic Plic, tinto composto por 50% Carignan e 50% Garnacha. A comunicação visual simples e divertida está alinhada com os vinhos da Terra de Falanis: saborosos e fáceis de beber.

THALASSITIS

SANTORINI
PROTECTED
DESIGNATION OF ORIGIN

WHITE DRY WINE

PRODUCED ON SANTORINI AND BOTTLED
AT GAIA'S ESTATE, KOUTSI-KORINTHOS

WINE OF GREECE

e 750 ml. ALC 13,0 % BY VOL

Thalassitis

Vinho que representa as essências marinhas

Mais do que um santuário natural de vida e biodiversidade, o mar tem papéis importantes na Terra: é essencial para manter o ecossistema planetário, produz alimentos para homens e animais e sua água salgada contribui para a regulação térmica da nossa atmosfera.

No desenvolvimento agrícola e na cultura vínica, o mar também interfere na produção e na qualidade das matérias-primas. A umidade e os íons salinos são transportados pelas correntes de ar, reduzindo a proliferação de doenças fúngicas, além de intensificar a qualidade da uva, com bagas menores e maior concentração de aromas e sabores. Não podemos esquecer a questão do solo nessas regiões costeiras, que podem conter fósseis marinhos em sua composição, calcário, argila e uma variedade de minerais que contribuem para ampliar os aromas e notas gustativas.

Nessa história, vamos destacar a influência do Mar Egeu nos vinhedos localizados em ilhas gregas. Considerado um dos berços seculares da cultura vínica, as águas egeias banham as regiões da Grécia e Turquia, repletas de ilhas e ilhotas. Esse ambiente marinho foi colonizado pela sociedade grega há mais de quatro mil anos. A cultura vínica é difundida por lá desde 3.000 a.C., com destaque para a Ilha de Santorini, um paraíso vulcânico com solos basálticos, ricos em minerais, que criam um cenário fértil para vinhedos.

A casta nativa Assyrtiko dá origem a vinhos brancos aromáticos e de elevado frescor, graças à proximidade do mar, que atua como moderador de temperatura, levando a uma maturação mais lenta e equilibrada da fruta. As águas salgadas também preservam a acidez natural e aumentam a longevidade do vinho.

Uma vinícola grega que se destaca nessa região é Gaía (que significa "Mãe Terra"). Ela foi fundada em 1994 por Yiannis Paraskevopoulos e Leon Karatsalos, responsáveis por criar o vinho Thalassitis, que, numa tradução livre, quer dizer "proveniente do mar". Segundo os produtores, as vinhas são plantadas em pé-franco, ou seja, diretamente com a sua raiz original, sem enxertia. Como os vinhedos da Gaía têm entre 70 e 80 anos de idade, a produção de cada safra do Thalassitis é pequena. Na boca, a gente sente um elevado frescor e acidez, como se a essência marítima estivesse engarrafada.

The Prisoner

The Prisoner

Notas de manifesto, diversidade e inclusão social

A singularidade de cada pessoa é a base da nossa diversidade, num mundo onde não somos iguais nem desiguais. Infelizmente, muitas vezes, enfrentamos a diversidade com abordagens e classificações simplistas, em que as diferenças são erroneamente consideradas sinônimos de defeitos, falta de aceitação ou desvios de um suposto padrão hegemônico e colonial.

A verdadeira compreensão da diversidade deve levar em conta vivências culturais, espaços geográficos, grupos sociais, costumes, expressões políticas, entre outros fatores. Dentre essas variáveis, ainda encontramos marcadores sociais como gênero, religião, raça/etnia, orientação sexual, etarismo e escolaridade, que são definidos a partir das histórias e visão de mundo de cada pessoa.

A riqueza de diversidade nem sempre é vista de forma saudável, levando a uma sociedade discriminatória. O desafio de romper com esse ciclo etnocêntrico, preconceituoso e desigual é enorme, mas a mudança começa no comportamento individual, nas práticas das organizações e nas políticas governamentais para a construção de uma sociedade mais inclusiva e justa.

A vinícola The Prisoner (o prisioneiro, em português), localizada na lendária Highway 29, no Napa Valley, na Califórnia, aposta na diversidade por meio de um posicionamento antirracista, que chama a atenção para questões como o encarceramento em massa e a opressão às comunidades negras. "Temos o compromisso de nos educar, abraçar a diversidade e criar um ambiente inclusivo onde todos os nossos funcionários e parceiros de negócios se sintam seguros, respeitados e valorizados", diz a carta de princípios da vinícola.

A partir de seu posicionamento, a empresa criou uma linha de vinhos com a gravura "Le petit prisonnier", de Francisco Goya, artista espanhol do século XIX. A obra, com forte carga dramática expressa na figura de um homem acorrentado, é um protesto contra a injustiça e a brutalidade da Guerra da Independência da Espanha (1808 a 1814). Já a vinícola usa a imagem como manifesto contra o sistema prisional dos Estados Unidos, que concentra uma das maiores populações carcerárias do mundo, alvo de denúncias de violações dos direitos humanos.

O vinho The Prisoner tem a força de seu rótulo: reflete uma abordagem autêntica e inovadora, com um corte improvável de uvas Zinfandel, Cabernet Sauvignon, Petite Sirah, Syrah e Charbono. A vinícola consolida seu envolvimento social ao destinar 3% das vendas para o Center for Art and Advocacy, instituição americana que apoia artistas egressos do sistema carcerário em busca de reinserção social.

TIGNANELLO
TE DUCE PROFICIO
Vino prodotto con uve Sangiovese e, in piccola parte, Cabernet nell'antico podere sito nel cuore della Toscana, di proprietà dei Marchesi Antinori di Firenze, viticoltori dal 1385. Il terreno, in collina, è composto da roccia di "Galestro"e "Alberese"
ha un' esposizione a solatìo ed un' altitudine che va dai 350 ai 400 metri sul livello del mare. Il vino è invecchiato esclusivamente in piccole botti di rovere pregiato e successivamente affinato in bottiglia.
TOSCANA
INDICAZIONE GEOGRAFICA TIPICA
Marchesi
ANTINORI
26 GENERAZIONI

Tignanello

O vinho fora da lei que deu origem aos Supertoscanos

Você já cometeu um ato fora da lei? O quê?! Como?!

Para algumas correntes da filosofia, ser um fora da lei ou estar em desacordo com regras preestabelecidas pode representar um ato marginal, mas também pode ser encarado como algo aceitável ou até natural. A interpretação depende de quem, na sociedade, detém o poder de punir o transgressor ou minimizar a ação e até mesmo anulá-la.

Há uma história peculiar no mundo do vinho sobre transgressão e marginalidade. Tudo começou nas décadas de 1960 e 1970 em Chianti, na região da Toscana, onde um grupo de enólogos insatisfeitos com a legislação local, conhecida como DOC (Denominações de Origem Controlada) e DOCG (Denominações de Origem Controlada e Garantida), propôs mudanças tanto na composição dos *blends* quanto no processo de fabricação dos vinhos.

Os produtores estavam reconstruindo seus vinhedos, após a Segunda Guerra, e os incomodava a exigência de fabricar vinhos com um *blend* específico: predominância da uva Sangiovese, complementada por Canaiolo e Malvasia. O governo os obrigava a seguir a tradição, iniciada em 1872. O resultado, no entanto, eram vinhos de baixa qualidade e sem atrativo comercial.

Alguns enólogos do Piemonte e da Toscana se aproximaram de profissionais de Bordeaux e iniciaram plantações de mudas francesas em terras toscanas, incluindo Cabernet Sauvignon, Cabernet Franc e Merlot, apesar da proibição da legislação local quanto a esse tipo de cultivo. E foi assim, misturando castas italianas e francesas, que nasceram os chamados vinhos "fora da lei", que também combinavam processos de fabricação no estilo bordalês e a utilização de barricas de carvalho para o amadurecimento da bebida.

A transgressão levou ao rebaixamento desses vinhos dentro da DOC: eles passaram a ser classificados como *vino da távola*, uma denominação utilizada para vinhos de baixa qualidade ou que não cumpriam os critérios de determinação da região produtora, do tipo de uva e do padrão de produção. Os produtores rebeldes, porém, ignoraram a punição e seguiram em frente. Com o tempo, ganharam fama e premiações. O sucesso foi tão estrondoso que especialistas batizaram o vinho de Supertoscano.

Após a consolidação no mercado internacional, em 1992 o governo italiano modificou a legislação da DOC e DOCG, criando a *Indicazione Geografica Tipica* (IGT) para abarcar oficialmente o novo tipo de *blend*. Os vinhos, finalmente, deixaram de ser fora da lei.

Criado pelo "produtor rebelde" Piero Antinori, o Tignanello foi o precursor dos Supertoscanos, com a primeira safra datada de 1971. Hoje, é uma referência no mundo. O rótulo, assinado pelo designer e artista italiano Silvio Coppola, traz o brasão da família Antinori, a história do vinho, um sol estilizado e a assinatura do patriarca da família, Niccolò Antinori.

T.N.T
LODI APPELLATION
ESTATE GROWN EST. 1934

T.N.T

Uma explosão de sabores detonada na Califórnia

A indústria de explosivos é resultado do trabalho de cientistas ao longo da história, tanto com finalidade pacífica quanto para guerras. Os chineses descobriram a pólvora, os alemães inventaram os canhões, os italianos elaboraram a nitroglicerina, e os suecos, a dinamite.

No fim do século XIX e início do século XX, os alemães desenvolveram uma nova linha de explosivos, mais seguros e versáteis, entre eles o trinitrotolueno, mais conhecido como TNT. Esse explosivo foi amplamente utilizado em projéteis balísticos de pequeno, médio e grande portes. Após o fim das guerras mundiais, ele passou a ser importante no desenvolvimento urbano e econômico, através da mineração, do desmonte de pedreiras, da abertura de canais navais e terrestres...

A ciência química não se limitou à evolução dos explosivos. Teve também papel fundamental nas notas e aromas dos vinhos. Alguns exemplos são os tipos de fermentação alcoólica, que transformam açúcares em álcool e em dióxido de carbono, e a conversão do ácido málico em ácido lático (fermentação malolática), que amacia e reduz a acidez, enquanto potencializa notas amanteigadas.

Pesquisas voltadas para a estabilidade e a conservação dos vinhos, como o uso de antioxidantes para prolongar a longevidade da bebida ou o impacto das barricas de carvalho no grau de maturidade, visam expandir e oferecer um efeito "explosivo" nas características olfativas e gustativas.

Com o intuito de demonstrar a criatividade bombástica dos enólogos, a vinícola americana OAK Ridge Winery, na Califórnia, criou uma linha chamada T.N.T. A singularidade começa no lema do vinho: "Precisamos avisá-lo, T.N.T pode ser altamente viciante e perigosamente delicioso. Lembre-se de manusear com cuidado". O vinho tinto, da casta Zinfandel, é elaborado pelo processo de fermentação a frio para intensificar a cor, valorizar o caráter frutado e suavizar os taninos. Tem passagem de oito meses em barrica e apresenta notas de amora, ameixa e leve toque de alcaçuz e pimenta.

Agora, você é convidado a ser um cientista químico do vinho. Ao girar a taça, sinta o prelúdio de uma explosão controlada. Use sua percepção como um detonador, aperte o botão da curiosidade e experimente sabores explosivos, impacto bombástico e aromas defumados.

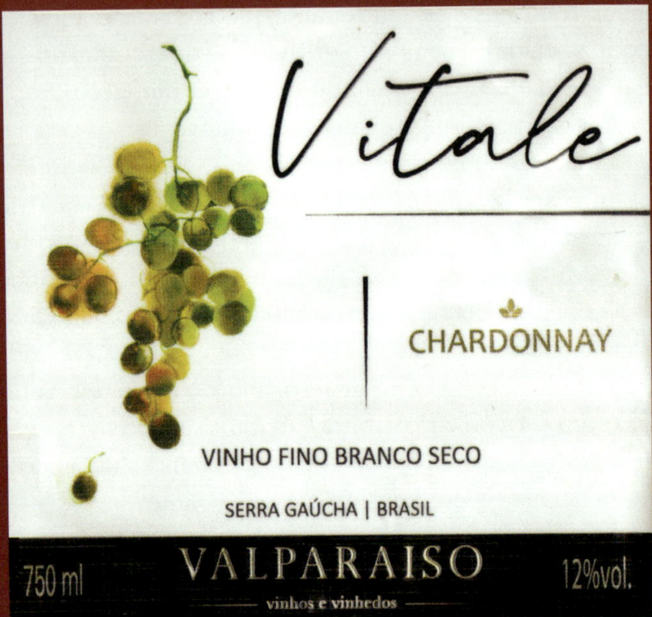
Vitale
CHARDONNAY
VINHO FINO BRANCO SECO
SERRA GAÚCHA | BRASIL
750 ml
VALPARAISO
vinhos e vinhedos
12%vol.

Vitale

Uma combinação entre técnica e paixão

O mundo do vinho possui um vocabulário específico para classificar origem, tipicidade e características organolépticas, que consistem em cor, brilho, aroma e sabor da produção. É comum usar as terminologias Velho Mundo e Novo Mundo quando falamos sobre os países produtores. Os vinhos do Velho Mundo são elaborados em *terroirs* europeus, como os de Bordeaux e Borgonha, na França, e Piemonte e Chianti, na Itália. Já os classificados como do Novo Mundo vêm dos continentes não europeus.

Esta história nos levará ao conjunto de características dos dois mundos, potencializando a cultura do vinho brasileiro. A vinícola Valparaiso, em Vila Rica, município de Barão, na Serra Gaúcha, valoriza as castas oriundas do Velho Mundo, mas com processo de fabricação inovador, do Novo Mundo.

Tudo começou quando, em 2006, o engenheiro-agrônomo Arnaldo Argenta adquiriu uma propriedade abandonada e, com seu conhecimento técnico, aproveitou as horas de folga para transformá-la na sede de sua vinícola, a Valparaiso. Ele trazia de seus antepassados italianos a paixão pela viticultura, especialmente pelo cultivo de uvas Nebbiolo, Sangiovese, Pinot Grigio, Rondinella e Garganega, entre outras.

Arnaldo modernizou o processo de cultivo das uvas e da produção do vinho com uma técnica que virou referência no Brasil: as videiras são cobertas e protegidas de doenças e condições climáticas adversas. A cultura se dá num ambiente controlado, com colheita manual e vinificação natural, com clarificação a frio, sem filtragem, sem aditivos químicos e sem madeira no envelhecimento.

A vinícola passou a fazer parte também do circuito de turismo com gastronomia e passeios guiados. Alguns rótulos foram premiados e estão nos menus de restaurantes badalados. Naiana Argenta, filha de Arnaldo, nos falou dos desafios da Valparaiso, dos projetos de ampliação da marca e de sua surpresa em conquistar tantos frutos em tão pouco tempo, especialmente depois da enchente que inundou diferentes regiões do Rio Grande do Sul em 2024, quando a vinícola teve perdas significativas.

A responsável pela criação dos primeiros rótulos foi justamente Naiana. Ela os desenvolveu junto à gestação do seu filho primogênito. Uma criação delicada, sensível e cheia de significados, de uma filha que se tornava mãe e uma mulher que nascia para o mundo do vinho. Naquele momento, ela fazia uma transição da carreira no mercado corporativo para o empreendimento da família.

A linha Vitale tem vinhos brancos, rosés e tintos. O nome é uma homenagem ao pai de Arnaldo, avô de Naiana, e os rótulos trazem a imagem de um cacho de uva, em aquarela da artista russa Tatiana Kasanpsiva.

WINE
CHOCOLATE
SWEET

Wine Chocolate Sweet

Duas paixões mundiais em uma só garrafa

Quando pensamos em bebidas que nos acompanham no decorrer da vida, lembramos sempre do chocolate. Sua origem está relacionada ao período da Mesoamérica e suas civilizações locais, principalmente os olmecas, maias e astecas. Uma das peculiaridades desse período está associada aos idealizadores do chocolate. Os olmecas, após colherem o fruto do cacaueiro, o transformavam em chocolate, batizado por eles de *xocolatl*, que significa água amarga. Para aquelas civilizações, o preparo era um presente do Deus Quetzalcóatl – uma serpente emplumada, vista como criadora do mundo e da humanidade. A bebida era consumida em rituais religiosos e festejos pagãos.

Com a chegada dos europeus ao continente americano, o chocolate foi internacionalizado e ganhou novas variedades e usos. Como o vinho, ele foi vinculado ao prazer, à paixão, ao humor e a benefícios da saúde. Tornou-se popular em todo o planeta, ganhou espaço no cinema, na literatura e na culinária. Como esquecer o exótico empresário Willy Wonka e sua Fantástica Fábrica de Chocolate?

Da mesma forma, na enologia, é possível fazer uma correlação entre vinho e chocolate. As duas bebidas necessitam passar por um processo de fermentação, tendo como matéria-prima a fruta. Além disso, em suas composições, tanto o vinho tinto quanto o chocolate amargo apresentam taninos, elemento que estimula a sensação de secura e contração das papilas na boca.

Há manifestações aromáticas e notas gustativas do chocolate em alguns vinhos tintos e licorosos. De forma resumida, essa característica pode estar associada ao processo de fermentação, em que leveduras e bactérias produzem compostos enriquecidos com esse perfil aromático.

Tohani Winery, famosa vinícola da Romênia, homenageou essa iguaria apaixonante com o vinho de sobremesa Wine Chocolate Sweet. Tohani é também uma região localizada no Condado de Prahova, que abriga vinhedos desde o século XVIII. O *terroir* era propriedade do Príncipe Nicolau. Em 1948, o lugar foi estatizado e, mais tarde, criou-se uma parceria com especialistas de Bordeaux, potencializando a qualidade e a diversidade dos vinhos ali produzidos.

Já no rótulo, o Wine Chocolate Sweet captura a doçura e a intensidade do chocolate. Com um fundo escuro e detalhes sofisticados, a garrafa estampa a imagem de uma colher prateada com uma generosa porção de chocolate. Na boca, ele traz notas aromáticas que remetem ao cacau amargo e ao chocolate cremoso.

Para os apreciadores de boas harmonizações, a sugestão é acompanhá-lo com brownie ou o clássico bolo Sacher, talvez o mais famoso do mundo à base de chocolate. Uma combinação de duas paixões que, ao longo da história, conquistaram paladares e corações ao redor do planeta.

YARDEN

GALILEE

Syrah

GOLAN HEIGHTS WINERY

Yarden

Fonte de vida, fé e cultura em uma região árida

A água é um dos elementos vitais do nosso planeta e nem precisamos falar de sua importância no consumo humano, na agricultura e na indústria. Já nas regiões de clima árido ou desértico, é ainda mais esssencial, além de ser determinante no equilíbrio térmico e na manutenção do ecossistema.

Há séculos, os rios se tornaram fundamentais para os povos antigos irrigarem plantações, para a pesca, para o transporte e muito mais. E aqui cabe destacar o Rio Jordão, situado na Terra Santa, no Oriente Médio. Com 251 quilômetros de extensão, atravessa a Jordânia, a Palestina, Israel e o sudoeste da Síria. As águas são provenientes de degelo, nascentes e afluentes naturais, tendo origem associada ao encontro de três rios (Hasbani, Dan e Banias) no Monte Hérmon, a mais de mil metros acima do nível de mar, entre o Líbano e a Síria. Já sua foz está localizada no Mar Morto, lugar mais baixo do Planeta Terra, a 430 metros abaixo do nível do mar, resultando em um forte declive natural.

No âmbito da fé e da religiosidade, o Jordão se reveste de elevado simbolismo não apenas para os povos cristãos, mas para judeus e muçulmanos também. O turismo religioso é uma das principais atividades econômicas da região e o rio, um lugar muito visitado. A população local utiliza as margens e as águas para plantio, irrigação e consumo próprio.

Em homenagem ao Jordão, uma das vinícolas mais premiadas de Israel, a Golan Heights Winery – fundada em 1983 na cidade de Katzrin, nas Colinas de Golã, e reconhecida por ter impulsionado a moderna cultura do vinho israelense – criou a linha de vinhos premium Yarden. Organizada como cooperativa, reunindo quatro kibutzim (fazendas coletivas), a vinícola fica no alto da Galileia, região conhecida como Terra do Vinho. Combina práticas tradicionais e inovação enológica em vinhedos de altitude, cultivados sob clima mediterrâneo. A linha Yarden, cujo nome em hebraico significa "aquele que desce", faz referência ao curso d'água do Rio Jordão.

No rótulo há o desenho de uma linda lâmpada a óleo, com decoração em mosaico, uma alusão à Israel milenar. O utensílio tinha destinação prática e religiosa. Abastecida com óleo de oliva, era vista como objeto essencial na iluminação das residências e sua luz possuía um forte simbolismo, representando a presença divina, a sabedoria e a orientação espiritual.

19 Crimes.
CALI RED
Name:
Alc by cont: 13.0%
Contents: 750 ML
Origin: CALIF
Year: 2019
02019
CAL -19

19 Crimes

Histórias impiedosas para ver e degustar

Sabe aquelas garrafas antigas lançadas ao mar, com mensagens que desafiam o tempo e atravessam oceanos? Desde o século XVIII, elas foram um meio de comunicação que carregaram tanto estudos científicos sobre correntes marítimas quanto cartas, bilhetes, descrições de paisagens e até poesias. Cada garrafa era portadora de notícias, esperança e busca por conexão, simbolizando a ligação entre o remetente e um destino incerto.

Ao conhecer a linha 19 Crimes é impossível não traçar uma analogia com aquelas antigas garrafas lançadas ao mar. Assim como carregavam mensagens que cruzavam oceanos, conhecemos esse vinho no vasto mar de opções das gôndolas de supermercados. Foi ali, diante da prateleira, que tivemos a primeira experiência com essas histórias que literalmente saltam do rótulo.

Por meio da realidade aumentada, apontando o celular para a garrafa e para o QR Code no contrarrótulo, é possível conferir a história de 19 personagens reais enviados para colônias penais na Austrália, entre os séculos XVIII e XIX. Os rótulos trazem os retratos em preto e branco desses prisioneiros, além de suas fichas criminais. O mais curioso, no entanto, é poder ouvir não só a narração com vozes que simulam os homens e mulheres condenados, como principalmente ver a animação virtual sobre o crime, com possibilidade de interagir com os personagens. São 19 rótulos diferentes, cada um com uma história.

O transporte penal foi muito usado em séculos passados, quando pequenos e grandes crimes – desde roubo de alimentos e falsificação de moedas até assassinatos – resultavam numa punição severa: o exílio para terras distantes. Sua origem foi no Império Romano, mas consolidou-se na Inglaterra do século XVII como alternativa à execução e solução para a superlotação de prisões. Inicialmente, condenados foram enviados a colônias americanas, mas a independência dos Estados Unidos em 1776 levou esses presos a serem deportados para a Grã-Bretanha e, mais tarde, para a Austrália.

Entre 1788 e 1868, foram transportados para colônias penais 162 mil condenados. Na Austrália, apesar dos crimes que cometeram, eles foram fundamentais para o desenvolvimento do país: construíram estradas, pontes, edifícios e infraestrutura agrícola, ajudando a desenvolver as bases da economia colonial.

Esse capítulo importante da história australiana resultou justamente na criação dos rótulos 19 Crimes, uma parceria entre duas vinícolas: Treasury Wine Estates, da Austrália, e

Santa Rita Estates, do Chile. Entre os vinhos da linha, um dos mais icônicos é o Cali Red, uma parceria com o rapper Snoop Dogg, que, graças à realidade aumentada, faz o cantor conversar com o consumidor.

Degustar um vinho, enquanto histórias incríveis ganham vida, é uma experiência sensorial que vai além da taça.

@

Símbolo universal que também significa vinho

Ao observar esse rótulo, logo o associamos a computadores, envio de e-mails, redes sociais e outros meios digitais. Até porque a @ representa o processo de mudança no setor de comunicação, especialmente no mundo contemporâneo, que cada vez menos usa a escrita manual e prioriza a digital.

O responsável por essa "novidade" foi um programador americano chamado Ray Tomlinson, em 1971. Seu desejo de enviar mensagens em formato digital, aliado à sua competência em empreender e inovar, resultou na criação do correio eletrônico. Tomlinson escolheu a @ para separar o nome do usuário do nome da máquina, marcando o início de uma nova era na comunicação global. O intrigante dessa história foi a escolha de um símbolo mercantil e do período medieval para ser um agente transformador de hábitos e práticas modernas.

Voltando no tempo, a @ já teve vários significados. Na Idade Média, copistas – os precursores da escrita – utilizavam símbolos e sinais como estratégia para transcreverem livros, manuscritos e documentos de importância histórica de forma mais rápida e econômica, por conta especialmente dos altos valores da tinta e do papel. A @, por exemplo, era usada para substituir a preposição latina "AD", que significava "a casa de".

A partir do século XIX, alguns portos da Espanha, como o da Catalunha, começaram a empregar a @ como padrão de unidade de pesagem. Naquele período, os comerciantes da região utilizavam a palavra "arroba" para classificar um "fardo de mercadoria", o equivalente a 14,688 quilos. Como arroba começa com "a", essa substituição ocorreu por similaridade. Vale ressaltar que @, em algumas regiões da Espanha, compõe o vocabulário local.

Para demonstrar essa especificidade regional e cultural, a vinícola Gratias, da cidade Casas-Ibáñez, na região de Castela-Mancha, desenvolveu uma linha de vinhos naturais usando videiras locais esquecidas de diversos *terroirs*. Essas videiras são cultivadas organicamente, sem aditivos, promovendo uma agricultura sustentável, tradicional e artesanal.

A linha inclui três vinhos distintos: G, @ e M. O tinto @ é elaborado exclusivamente com a uva Pintaillo (ou Pintailla), atualmente em risco de extinção. O vinho, cujo garrafa é pintada unicamente com o @, simboliza o compromisso da vinícola em prolongar a vida dessa uva nos seus *terroirs* naturais. Além disso, a Pintailla foi renomeada como Pintaill@, um gesto que também reflete um costume local, em que @ é usada como unidade de medida de volume, equivalendo a 16,2 litros.

O lema da vinícola Gratias – "Artesanal, recuperação de variedades nativas, familiar e sustentável: engarrafamos nossas paisagens em cada vinho" – destaca o compromisso dos produtores não apenas com a criação de rótulos de qualidade, mas também com a preservação da biodiversidade vitivinícola local. Pelo menos por lá, o @ não representa modernidade e o veloz mundo digital, mas sim um resgate cultural e histórico, com foco na preservação da uva Pintaill@.

3.1415

π 3,1415

Um vinho que carrega o conceito do infinito

Composto de 24 letras, o alfabeto grego é considerado o primeiro sistema de escrita completo, representando todas as vogais e consoantes. Ele foi criado em 750 a.C., influenciou a formação de outros alfabetos e, após evoluções ao longo dos séculos, segue vivo até os dias de hoje. As letras gregas também se estenderam a áreas como matemática, física e química para representar símbolos e conceitos.

No século XVIII, o matemático galês William Jones introduziu a 16ª letra (π = PI) como um símbolo matemático, representando o número irracional 3,1415, frequentemente associado ao conceito de infinito. O π também acabou sendo empregado na demarcação de um vinhedo espanhol e na concepção de um rótulo especial.

A história começa em 1867, na cidade de Calatayud, na província de Saragoça, localizada aos pés da Sierra Vicor, no norte da Espanha. Mariano Langa Gallego construiu uma vinícola artesanal, a Bodegas Langa. Com o passar do tempo, ela se transformou na principal produtora de vinhos da região e, mais recentemente, participou de um programa de incentivo à inovação junto à União Europeia.

Todo esse investimento rendeu à Bodegas Langa premiações no Organic Wine Award International, reconhecendo seu compromisso com a sustentabilidade. A vinícola também ganhou recomendações de críticos renomados, como James Suckling e Sarah Jane Evans, e seus rótulos foram premiados no prestigiado concurso Decanter. Atualmente, 98% da produção da Bodegas Langa é exportada para mais de 30 países, inclusive para o Brasil.

A relação com a letra grega π surgiu quando a vinícola decidiu criar uma variedade única da casta Concejón em um vinhedo antigo, com 3,14 hectares – exatamente o valor numérico de π. O rótulo é pintado na garrrafa e apresenta um mosaico de números, em que se destaca um grande π no centro, em vermelho. Para os proprietários, π transcende a interpretação matemática, tornando-se um símbolo mágico e infinito, que representa "a perfeição do imperfeito, a busca pela precisão e a paixão pelo conhecimento". O resultado é um vinho complexo, com muitas nuances.

Em 2017, a escritora russa Natalia Demidoff publicou o livro "150 anos – A família do vinho", que narra a história das seis gerações da família de viticultores que esteve à frente da Bodegas Langa. Curiosamente, muitas das atividades comemorativas foram planejadas em torno de dias e horas que faziam referência às combinações do π, acrescentando um toque simbólico e significativo às celebrações.

Avaliação dos vinhos

Depois de conhecer as histórias dos 50 rótulos do "Contos de vinho 2", que tal agora avaliar e anotar seus comentários conforme for degustando cada um? Nós vamos ficar na torcida para você completar a lista!

Almar ☆☆☆☆☆

Comentário:

Amarone della Valpolicella ☆☆☆☆☆

Comentário:

Arrogant Frog ☆☆☆☆☆

Comentário:

Azulejo ☆☆☆☆☆

Comentário:

Azul Gran Reserva ☆☆☆☆☆

Comentário:

Brasília 65 Anos ☆☆☆☆☆

Comentário:

Cetus ☆☆☆☆☆

Comentário:

Château Angelus ☆☆☆☆☆

Comentário:

Château Pichon Longueville Comtesse de Laland ☆☆☆☆☆

Comentário:

Chianti Leonardo da Vinci ☆☆☆☆☆

Comentário:

Clos Apalta

☆☆☆☆☆

Comentário:

Codorníu Cuvée Barcelona 1872

☆☆☆☆☆

Comentário:

Cordel

☆☆☆☆☆

Comentário:

Cristal

☆☆☆☆☆

Comentário:

Cuvée 13

☆☆☆☆☆

Comentário:

Desassossego

☆☆☆☆☆

Comentário:

Domaine du Vieux Telégraphe

☆☆☆☆☆

Comentário:

Herú

☆☆☆☆☆

Comentário:

Icono

☆☆☆☆☆

Comentário:

Köetz Gamay

☆☆☆☆☆

Comentário:

La Grande Dame

☆☆☆☆☆

Comentário:

La Posta

☆☆☆☆☆

Comentário:

Legend of Drácula
☆☆☆☆☆

Comentário:

Liberdade
☆☆☆☆☆

Comentário:

Lupo Meraviglia Tre di Tre
☆☆☆☆☆

Comentário:

mAi
☆☆☆☆☆

Comentário:

Ménage à Trois
☆☆☆☆☆

Comentário:

Obikwa
☆☆☆☆☆

Comentário:

Paralelo 31 ☆☆☆☆☆

Comentário:

Peter Lehmann ☆☆☆☆☆

Comentário:

Plenitude ☆☆☆☆☆

Comentário:

Principia ☆☆☆☆☆

Comentário:

Rebel ☆☆☆☆☆

Comentário:

Rubro ☆☆☆☆☆

Comentário:

Siete Perros ☆☆☆☆☆

Comentário:

Sine Qua Non Piranha Waterdance ☆☆☆☆☆

Comentário:

Studio By Miraval ☆☆☆☆☆

Comentário:

Tancredi Dolce & Gabbana ☆☆☆☆☆

Comentário:

Tandem ☆☆☆☆☆

Comentário:

Terra de Falanis ☆☆☆☆☆

Comentário:

Thalassitis

☆☆☆☆☆

Comentário:

The Prisoner

☆☆☆☆☆

Comentário:

Tignanello

☆☆☆☆☆

Comentário:

T.N.T

☆☆☆☆☆

Comentário:

Vitale

☆☆☆☆☆

Comentário:

Wine Chocolate Sweet

☆☆☆☆☆

Comentário:

Yarden ☆☆☆☆☆

Comentário:

19 Crimes ☆☆☆☆☆

Comentário:

@ ☆☆☆☆☆

Comentário:

ϖ 3,1415 ☆☆☆☆☆

Comentário:

Agradecimentos

O "Contos de vinho" tem nos presenteado com algo que vai além das páginas: o surgimento espontâneo de embaixadoras e embaixadores do livro. Pessoas que se conectam com as histórias e passam a levá-lo adiante. Foi assim que a expressão ganhou forma, como um reconhecimento simbólico de quem fala do projeto com entusiasmo, presenteia, recomenda e inclui em rodas de conversa, confrarias, eventos, aulas e grupos de leitura.

Neste segundo volume, agradecemos a todas as pessoas que fazem esse movimento acontecer, cada uma à sua maneira.

Nosso muito obrigado também à nossa editora, Máquina de Livros, que aposta no "Contos de vinho".

Este livro utilizou as fontes Bernard
e Baskerville e foi impresso em papel
Avena 80g na gráfica Printmill,
no inverno de 2025, quatro anos depois
da publicação do primeiro volume
do "Contos de vinho".